职业技能鉴定国家题库

# 装配钳工
## （初级）
## 操作技能考试手册

劳动和社会保障部
职业技能鉴定中心 组织编写

中国财政经济出版社

**图书在版编目(CIP)数据**

装配钳工(初级)/劳动和社会保障部职业技能鉴定中心组编.—北京:中国财政经济出版社,2004.6

(职业技能鉴定国家题库)

ISBN 7-5005-7335-9

Ⅰ.装… Ⅱ.劳… Ⅲ.安装钳工-职业技能鉴定-试题 Ⅳ.TG946-44

中国版本图书馆 CIP 数据核字(2004)第 050897 号

**中国财政经济出版社**出版

URL:http://www.cfeph.com

E—mail:cfeph@drc.gov.cn



社址:北京海淀区阜成路甲 28 号 邮政编码:100036

发行处电话:88190406 财经书店电话:64033436

北京富生印刷厂印刷 各地新华书店经销

787×1092 毫米 16 开 7.75 印张 148 000 字

2004 年 11 月第 1 版 2004 年 11 月北京第 1 次印刷

印数:1—3000 定价:12.00 元

ISBN 7-5005-7335-9/TG·0006

(图书出现印装问题,本社负责调换)

职业技能鉴定国家题库操作技能考试手册

# 编审委员会

# 装配钳工

国家职业资格五级

（初级）

主　　编：陈润琴　方建京

编写人员：李素玲　李　猛　李建玲　赵成国

刘秀玲　杜延平　李鹿平

对劳动者实行职业技能鉴定，推行国家职业资格证书制度，是促进劳动力市场建设和发展的有效措施，关乎广大劳动者的切身利益，关乎企业发展和社会经济进步，对于全面提高劳动者素质和职工队伍的创新能力，具有重要作用，也是当前我国社会经济发展，特别是就业、再就业工作的迫切要求。根据这一形势并按照《职业技能鉴定规定》的要求，我国的职业技能鉴定实行统一命题的原则，并由国家劳动和社会保障部组织建立职业技能鉴定国家题库网络。这是我国职业技能鉴定质量保证体系中的关键环节之一，是保证鉴定工作质量、提高鉴定工作水平、加强鉴定工作管理力度的重要技术手段，是国家职业资格证书制度的基础性建设工作，也是我国职业资格证书制度从普及向纵深发展的重要技术基础。

国家题库自 1997 年建立以来，已经在我国的职业技能鉴定工作中起到了“保证鉴定工作质量、提高鉴定工作水平、加强鉴定工作管理力度”的作用。为了更好地发挥国家题库的作用，满足全国各地在不同条件、不同环境下对操作技能鉴定命题的需要，劳动和社会保障部职业技能鉴定中心组织有关专家，历时一年多时间，开发完成了操作技能考核试题库。它着重从职业活动对从业人员操作技能要求的本质入手，以职业操作技能的技术内涵为基本标准，采用模块化结构，具备了在保证鉴定内容的统一质量水平的基础上，能够同时兼顾各种各类实际鉴定考核需要，并能够随着新技能、新技术、新工艺的发展变化实时调整命题考核内容的特点。从整体上解决了操作技能考核内容的可测量性和对鉴定质量的控制等问题，解决了目前普遍存在的在不同领域、不同鉴定条件下操作技能试题的适用性问题。

为了使全国职业培训领域和职业技能鉴定领域的专家以及即将参加职业技能鉴定的学员对新的操作技能考核试题库的建库目标、命题技术原理、考核内容结构和具体考核要求有一个全面的了解。同时在职业培训、职业技能鉴定与企业用人要求之间建立一个有效实用的联系，经研究决定，以《职业技能鉴定国家题库操作技能考试手册》（以下简称《手册》）的方式，向全社会公布国家题库操作技能考核试题库的全部内容，以更好地提高职业技能鉴定工作的公平性，使国家题库考核内容与要求具有科学合理的透明度。

根据劳动和社会保障部《关于启用职业技能鉴定国家题库的通知》的有关规定，自国家题库操作技能考核试题库公布后，全国范围内以发放中华人民共和国职业资格证书为最终手段的鉴定考核，其所用试题试卷一律从国家题库中提取。

为了使《手册》与国家职业标准、培训教程、国家题库配套，更好地为培训、鉴定机构和考生服务，2002 年我们对《手册》进行了修订。今后我们会随着国家职业标准、培训教程以及国家题库内容的不断更新，逐步对其进行补充和完善。

由于时间仓促，缺乏经验，难免有不足之处，恳请各使用单位和个人提出宝贵意见和建议。

《职业技能鉴定国家题库操作技能考试手册》

编审委员会

2002 年 10 月

# 目 录

# 第一章

## 职业技能鉴定国家题库简介及复习要求

DI YI ZHANG ZHI YE JI NENG JIAN DING GUO JIA TI KU JIAN JIE JI FU XI YAO QIU

## 一、国家题库简介

### （一）什么是国家题库

◎ 全称是“职业技能鉴定国家题库”；

◎ 劳动和社会保障部组织开发的用于全国职业技能鉴定的统一题库；

◎ 以获得《国家职业资格证书》为目的的全国职业技能鉴定，在进行国家题库中已有职业的考试或考核时，一律使用计算机从国家题库中随机抽取试题，组成试卷。

### （二）国家题库权威性

◎ 由主管全国职业技能鉴定工作的劳动和社会保障部组织专家开发；

◎ 全国范围内本职业领域高水平专家参与命题。

### （三）为什么要建立职业技能鉴定国家题库

◎ 有利于规范全国职业技能鉴定行为，保证职业技能鉴定质量；

◎ 有利于统一全国职业技能鉴定水平，促进流动就业，为从业者择业、就业提供公平、客观的能力水平评价。

### （四）国家题库的主要内容

国家题库内容分为两部分，并以不同的形式公开出版：

◎ 理论知识题库——每个职业含几千道试题。考试要点全部公开，即《国家职业技能鉴定理论知识考试复习指导丛书——装配钳工（初级）》；

◎ 操作技能题库——根据职业特点，由涉及职业活动领域的若干试题组成。所有试题及相关内容全部公开，即《职业技能鉴定国家题库——装配钳工（初级）操作技能考试手册》。

## 二、国家题库试题试卷简介

### （一）命题依据

◎ 劳动和社会保障部 2002 年颁布的装配钳工《国家职业标准》；

◎ 劳动和社会保障部组织编写的装配钳工《国家职业资格培训教程》；

◎《理论知识鉴定要素细目表》、《操作技能考核内容结构表》和《操作技能鉴定要素细目表》分别明确了理论知识考试的具体内容和操作技能考核范围。

### （二）命题原则

◎ 反映本职业《国家职业标准》要求；

◎ 理论知识考试强调本职业实际工作中必备的知识，不出偏题、怪题和难题；

◎ 操作技能考核强调科学性和可行性，试题既反映本职业主要操作活动内容和要求，又使考核简便易行。

### （三）试题类型

1. 目前理论知识考试采用标准化试卷，即每个级别考试试卷分为“选择题”和“判断题”两大类，满分100分。

◎“选择题”160题，每题0.5分，共占80分；

◎“判断题”40题，每题0.5分，共占20分。

2. 操作技能考核根据职业特点和命题原则，采用灵活的考核形式，主要形式是实际操作，也有笔试、口试、模拟操作或多种形式组合等考核形式。考生可通过本职业《操作技能考核内容结构表》和《操作技能鉴定要素细目表》了解具体的考核形式、考核内容和具体配分。

### （四）答题时间

按照《国家职业标准》，理论知识考试时间一般为120分钟；操作技能考核一般为240分钟。

### （五）答题要求

1. 理论知识考试答题要求：

◎ 选择题为四选一题型，即试题中给出的四个选项中，只有一项为正确选项。纸笔考试时，按要求在试题前面的括号中，填写正确选项的字母；

◎ 判断题采用纸笔考试时，根据对试题的分析判断，在括号中画“√”或“×”；

◎ 采用答题卡答题时，按要求，直接在答题卡相应的答案处涂色即可；

◎ 采用计算机考试时，按要求，点击选定的答案即可。

具体答题要求，在考试前，考评人员会做详细说明。

2. 操作技能考核要求：

每个职业、每道试题有不同的考核要求，这些要求通过《职业技能鉴定国家题库——操作技能考试手册》公布。

### （六）试卷生成方式

◎ 国家题库采用计算机自动生成试卷：即计算机按照本职业的《理论知识鉴定要素细目表》、《操作技能考核内容结构表》和《操作技能鉴定要素细目表》，从题库中随机抽取相应试题，组成试卷；

◎ 这种组卷方式，避免了以往人为影响试卷难度和试卷内容范围的倾向；

◎ 试卷的题型、题量和所涉及的范围保持相对稳定；

◎ 有利于考生把握复习的要点和重点。

## 三、复习注意事项

**（一）阅读《国家职业技能鉴定理论知识考试复习指导丛书》（以下简称《丛书》），理解其中各项内容；按照《国家职业标准》和《职业技能鉴定国家题库——操作技能**

**考试手册》（以下简称《手册》）有关要求，加强操作技能训练**

◎《丛书》和《手册》向考生提供了鉴定考核的重点内容，对考生把握重点，理解难点提供了详略得当的指导；

◎ 书中的试题精选和试卷样例均是从国家题库中抽取的，直接反映了考试内容的特点和题型特征；

◎ 考生要了解国家题库考试重点和试题试卷特点，掌握要领，心中有数。

**（二）抓住重点，全面复习**

◎ 职业技能鉴定的基本目标就是为了提高劳动者素质；

◎ 职业技能鉴定以基础和必备的知识或能力考核为主要出发点和归宿；

◎《理论知识鉴定要素细目表》、《操作技能考核内容结构表和鉴定要素细目表》，是《国家职业标准》的细化，是命题的直接依据，也是理论知识考试和操作技能考核的要点；

◎ 考生在理论知识复习中要善于抓住重点，进行全面复习，对基本要领要记忆准确、理解透彻、运用熟练，并且还要在复习范围的“广”字上下功夫；在操作技能考核复习中要按有关要求，强化技能训练；

◎ 考生应对书中的试题精选和试卷样例进行认真做答和练习，如果发现自己哪一题解答或操作有困难，应该立即检查，发现问题所在，及时解决每个难点和问题。

**（三）降低焦虑水平，做好心理调节**

◎ 影响个人在考场上心理状态的因素很多，如当时的心情和身体状况、考试经验以及期待水平等等；

◎ 参加任何一种考试，都应保持良好的心理状态，力戒焦虑，是取得好成绩的关键因素之一；

◎ 需要指出的是：动机水平过高，行为就要受到干扰，也就是说，如果太想做好某件事，反而可能达不到目标；

◎ 考生应根据自己的实力，订立一个切实可行的期待目标，这是降低考试焦虑水平行之有效的一种方法。

# 第二章

## 考核内容

DI ER ZHANG KAO HE NEI RONG

# 第一节　考核内容结构表及说明

## 一、考核内容结构表

依据国家职业标准，在表 1—1 中列出了本职业各等级的考核内容、选考方式、鉴定比重、考核总体时间等内容。

表 1—1　　初级装配钳工操作技能考核内容结构表

<table>
<tr><td rowspan="2">级别</td><td rowspan="2">鉴定范围<br>鉴定要求</td><td colspan="3">操作技能</td><td colspan="2">其他技能</td><td rowspan="2">合计</td></tr>
<tr><td>基本操作</td><td>组合基本操作</td><td>装配操作</td><td>培训指导</td><td>论文答辩</td></tr>
<tr><td rowspan="3">初级</td><td>选考方式</td><td>二选一</td><td>—</td><td>二选一</td><td>—</td><td>—</td><td>—</td></tr>
<tr><td>鉴定比重</td><td>100</td><td>—</td><td>100</td><td>—</td><td>—</td><td>100</td></tr>
<tr><td>考试时间 min</td><td>240～270</td><td>—</td><td>240～270</td><td>—</td><td>—</td><td>240～270</td></tr>
<tr><td rowspan="3">中级</td><td>选考方式</td><td>—</td><td colspan="2">二选一</td><td>—</td><td>—</td><td>—</td></tr>
<tr><td>鉴定比重</td><td>—</td><td>100</td><td>100</td><td>—</td><td>—</td><td>100</td></tr>
<tr><td>考试时间 min</td><td>—</td><td>300～330</td><td>300～330</td><td>—</td><td>—</td><td>300～330</td></tr>
<tr><td rowspan="3">高级</td><td>选考方式</td><td>—</td><td colspan="2">二选一</td><td>—</td><td>—</td><td>—</td></tr>
<tr><td>鉴定比重</td><td>—</td><td>100</td><td>100</td><td>—</td><td>—</td><td>100</td></tr>
<tr><td>考试时间 min</td><td>—</td><td>360～420</td><td>360～420</td><td>—</td><td>—</td><td>360～420</td></tr>
<tr><td rowspan="3">技师</td><td>选考方式</td><td>—</td><td colspan="2">二选一</td><td>必选</td><td>必选</td><td>—</td></tr>
<tr><td>鉴定比重</td><td>—</td><td>60</td><td>60</td><td>10</td><td>30</td><td>100</td></tr>
<tr><td>考试时间 min</td><td>—</td><td>360～420</td><td>360～420</td><td>20</td><td>30</td><td>410～470</td></tr>
<tr><td rowspan="3">高级技师</td><td>选考方式</td><td>—</td><td colspan="2">二选一</td><td>必选</td><td>必选</td><td>—</td></tr>
<tr><td>鉴定比重</td><td>—</td><td>60</td><td>60</td><td>10</td><td>30</td><td>100</td></tr>
<tr><td>考试时间 min</td><td>—</td><td>360～420</td><td>360～420</td><td>20</td><td>30</td><td>410～470</td></tr>
</table>

## 二、考核内容结构表的说明

表 1—1 中列出了本职业各等级的考核内容、选考方式、考核总体时间等内容。装配钳工初级、中级、高级、技师、高级技师 5 个级别应达到职业操作技能要求

的划分，是按照各级别的操作技能由基本操作到综合技能操作、由简单件加工到复杂件加工、技术水平由低到高、知识领域由局部到广泛的原则划分的。等级划分时采用高级别技术工人的操作技能涵盖低级别技术工人的操作技能的方法，即高级别工人应具备低级别工人的操作技能。因此，在表述高级别技术工人的操作技能要求时，就不再重复低级别技术工人的技能要求。

操作工人的操作技能成熟过程是一个逐步提高的过程，从基本功逐步向高难技能发展，由简单到复杂、由基本技能向高难技术逐步深化发展。初级工主要应掌握钳工基本功，完成一般工件的加工制作；中级工能完成较复杂件的加工制作和一般简单机械的装配；高级工应完成复杂件的加工制作和设备的装配；技师应能完成精密、大型设备的装配及新技术推广；高级技师应能完成先进设备的装配和关键疑难技术问题处理。

初级装配钳工的操作技能考核内容包括“基本操作”和“装配操作”。“基本操作”主要是装配钳工中最基本的操作内容，考核内容是这些基本操作内容的简单组合；“装配操作”也是装配钳工中比较简单的装配内容，为其他高级别的装配工打下坚实的基础。选考方式采用“基本操作”和“装配操作”二选一的形式，即在基本操作和装配操作中任选一项作为考核内容，每项的配分都是100分；考核总体时间为240～270分钟，在这个时间区间内能够反映出初级装配钳工的操作技能水平，能够体现考核水平。

中级装配钳工的操作技能考核内容包括“组合基本操作”和“装配操作”。“组合基本操作”是将最基本的操作组合起来，是在初级的基础上前进了一步。“装配操作”应能够完成较复杂的机械设备或部件的装配。选考的方式采用二选一，即在组合基本操作和装配操作中任选一项作为考核内容，每项配分都是100分；考核总体时间为300～330分钟。

高级装配钳工的操作技能考核内容包括“组合基本操作”和“装配操作”。选考方式采用二选一的形式，即在“组合基本操作”和“装配操作”中任选一项作为考核内容，每项配分都是100分；考核总体时间为330～420分钟。

装配钳工的初级、中级和高级在考核内容中都包含了安全文明生产的内容，安全文明生产贯穿于操作技能考核的全过程，如果严重违反安全文明生产的有关规定，造成设备严重损坏及人员重伤以上事故，则考核过程全程否定，成绩按0分处理。其他违规行为酌情扣分。

技师和高级技师的操作技能考核内容包括操作技能和其他技能两部分，操作技能包括“组合基本操作”和“装配操作”两项，其他技能包括“培训指导”和“论文答辩”两项；选考方式采用“组合基本操作”和“装配操作”两项中任选一项，每一项都占总分的60%，“培训指导”和“论文答辩”是必考的内容，此二项占总分的40%。考核总体时间为410～470分钟。

# 第二节 鉴定要素细目表及说明

## 一、鉴定要素细目表

表 1—2 初级装配钳工操作技能鉴定要素细目表

<table>
<tr><th colspan="6">鉴定内容</th><th colspan="3" rowspan="2">鉴定点</th></tr>
<tr><th colspan="3">一级</th><th colspan="3">二级</th></tr>
<tr><th>代码</th><th>名称</th><th>鉴定比重</th><th>代码</th><th>名称</th><th>鉴定比重</th><th>代码</th><th>名称</th><th>重要程度</th></tr>
<tr><td rowspan="14">A</td><td rowspan="14">操作技能</td><td rowspan="14">100</td><td rowspan="9">A</td><td rowspan="9">基本操作</td><td rowspan="9">100</td><td>001</td><td>锉削、锯削、錾削</td><td>X</td></tr>
<tr><td>002</td><td>锉削、锯削、钻孔</td><td>X</td></tr>
<tr><td>003</td><td>锉削、钻孔、铰孔</td><td>X</td></tr>
<tr><td>004</td><td>锉削、钻孔、攻套螺纹</td><td>X</td></tr>
<tr><td>005</td><td>锉削、刮削、钻孔</td><td>X</td></tr>
<tr><td>006</td><td>锉削、钻孔、研磨</td><td>X</td></tr>
<tr><td>007</td><td>锉配、钻孔</td><td>X</td></tr>
<tr><td>008</td><td>锉配、铰孔</td><td>X</td></tr>
<tr><td>009</td><td>锉配、刮削</td><td>X</td></tr>
<tr><td rowspan="5">B</td><td rowspan="5">装配操作</td><td rowspan="5">100</td><td>001</td><td>减速器的装配与调整</td><td>X</td></tr>
<tr><td>002</td><td>立钻部件的装配</td><td>X</td></tr>
<tr><td>003</td><td>台钻主轴部件的装配</td><td>X</td></tr>
<tr><td>004</td><td>台虎钳的装配</td><td>X</td></tr>
<tr><td>005</td><td>砂轮机的装配</td><td>X</td></tr>
</table>

## 二、定要素细目表的说明

鉴定要素细目表是在考核内容结构表的基础上，列出了本级别具体要考核的内容。其中鉴定点即具体的考核内容，每个鉴定点都有重要程度指标，即鉴定点后标注的“X”“Y”“Z”。“X”表示“核心要素”，是考核中最重要、出现频率也最高的内容；“Y”表示“一般要素”，是考核中出现的频率一般的内容；“Z”表示“辅助要素”，在考核中出现的频率较低。表中每个鉴定范围都有鉴定比重指标，它表示在一份试卷中该鉴定范围所占的分数比例。每次操作技能考核时，试卷是根据《考核内容结构表》的要求，在鉴定要素细目表的鉴定点中选择任一试题组成的。如：A-B-001 鉴定点是本职业本等级重要的考核内容之一，该鉴定点下面共有 2 道试题，考核时根据《考核内容结构表》的要求，从 A-B-001 抽取一道试题作为本次考核的内容，该题占本次考核总分的 100%（现场考核内容已包括在每道试题的评分记录表中）。

# 第三章

## 考核试题

DI SAN ZHANG KAO HE SHI TI

# 第一节　基本操作

## 一、A—A—001 锉削、锯削、錾削

本鉴定点下共有3道考核试题，这些试题统一的考核要求和配分与评分标准如下：

**1. 考核要求**

| 公差等级 项目 / 考核内容 | 尺寸精度 | 表面粗糙度 | 形状与位置精度 | | | |
|---|---|---|---|---|---|---|
| | | | 平面度 | 垂直度 | 平行度 | 对称度 |
| 锉削 | IT9<br>4处以上 | Ra3.2<br>4处以上 | 10级<br>4处以上 | 8级<br>2处以上 | 8级<br>3处以上 | 11级 |
| 锯削 | IT15<br>2处 | Ra50 | 12级 | 12级 | | |
| 錾削 | IT15<br>2处 | Ra25 | 12级 | 12级<br>2处以上 | 12级 | |

**2. 配分与评分标准**

| 序号 | 考核内容 | 考核要点 | 配分 | 评分标准 |
|---|---|---|---|---|
| 1 | 锉削 | 公差等级IT9 | 70 | 超差不得分 |
| 2 | | 形位公差：平面度10级、垂直度8级、对称度11级 | | 超差不得分 |
| 3 | | 表面粗糙度Ra3.2 | | 升高一级不得分 |
| 4 | 锯削 | 公差等级IT15 | 10 | 超差不得分 |
| 5 | | 形位公差：平面度12级、垂直度12级 | | 超差不得分 |
| 6 | | 表面粗糙度Ra50 | | 升高一级不得分 |
| 7 | 錾削 | 公差等级IT15 | 10 | 超差不得分 |
| 8 | | 形位公差：平面度12级、垂直度12级 | | 超差不得分 |
| 9 | | 表面粗糙度Ra25 | | 升高一级不得分 |
| 10 | 安全文明生产 | 正确执行国家有关安全技术操作规程及文明生产规定 | 10 | 违规扣4分 |
| 11 | 设备使用 | 各种相关及辅助设备的使用符合有关规定 | | 违规扣3分 |
| 12 | 工、量具使用 | 各种工具、量具的使用符合有关规定 | | 违规扣3分 |
| 合计 | | | 100 | |
| 否定项：造成设备严重损坏及人员重伤以上事故，考核全程否定，即按0分处理 | | | | |

试题1. 带槽凸形块

（一）准备要求

1. 鉴定机构准备

（1）材料准备。

| 序号 | 材料名称 | 规格 | 数量 | 备注 |
| --- | --- | --- | --- | --- |
| 1 | Q235－A | 45×45×42 | 1 | |

备料图：

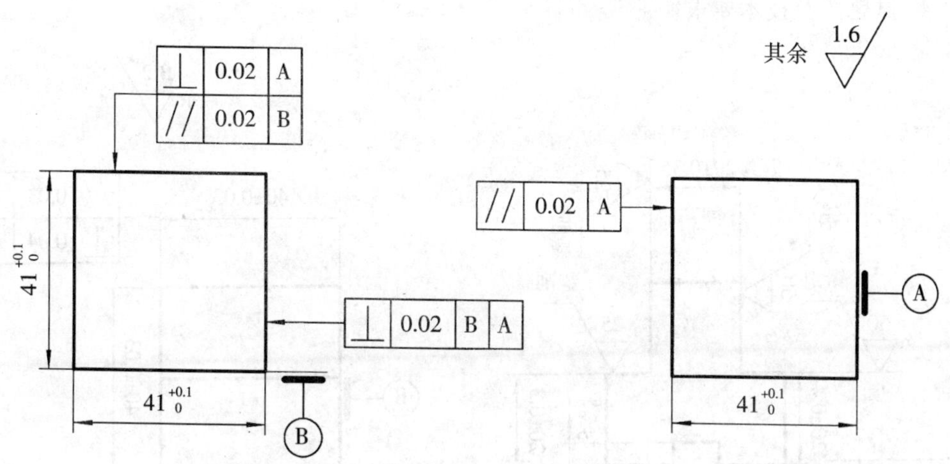


（2）设备准备。

| 序号 | 名　称 | 规　　格 | 序号 | 名　称 | 规　　格 |
| --- | --- | --- | --- | --- | --- |
| 1 | 划线平台 | 2000×1500 | 4 | 钳台 | 3000×2000 |
| 2 | 方箱 | 205×205×205 | 5 | 台虎钳 | 125 |
| 3 | 台式钻床 | Z4112 | 6 | 砂轮机 | S3SL－250 |

备注：划线平台、钻床、砂轮机、钳台及附件配套齐全，布局合理。

2. 考生准备

（1）工、量、刃具准备。

| 名　称 | 规　格 | 精度 | 数量 | 名　称 | 规　格 | 精度 | 数量 |
| --- | --- | --- | --- | --- | --- | --- | --- |
| 游标高度尺 | 0～300mm | 0.02 | 1 | 平锉 | 250mm（1号纹） | | 1 |
| 游标卡尺 | 0～150mm | 0.02 | 1 | | 250mm（3号纹） | | 1 |
| 万能角度尺 | 0°～320° | ±2′ | 1 | | 250mm（4号纹） | | 1 |
| 钢直尺 | 0～150mm | | 1 | 钻头 | ϕ3 | | 1 |
| 刀口尺 | 125mm | 1级 | 1 | 扁錾 | | | 1 |
| 直角尺 | 100×63mm | 1级 | 1 | 狭錾 | | | 1 |
| 千分尺 | 25～50mm | 0.01 | 1 | 钳工常用工具 | 手锤、手锯、划针、划规、样冲、软钳口、锉刀刷等 | | |
| 方锉 | 200mm（1号纹） | | 1 | | | | |
| | 200mm（3号纹） | | 1 | | | | |

（2）其他小型工具由个人根据加工需求补充准备。

（二）考核要求

1. 本题分值：100分。

2. 考核时间：240分钟。

3. 具体考核要求：

（1）公差等级：锉削 IT9、锯削 IT15、錾削 IT15。

（2）形位公差：锉削平面度 10 级、垂直度 8 级、平行度 8 级、对称度 11 级。

（3）表面粗糙度：锉削面 Ra3.2。

4. 试题图及技术要求：

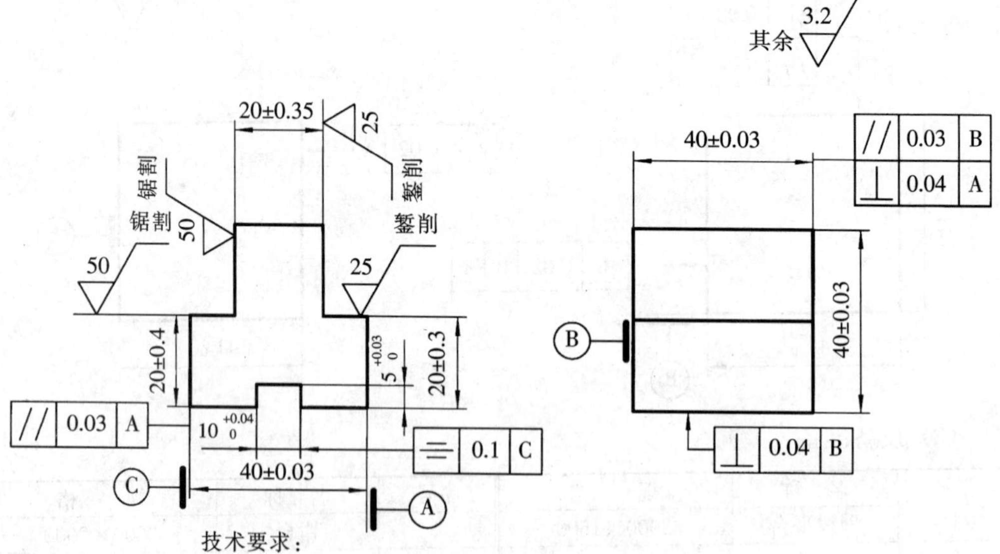


技术要求：

1.各锉削面要求：平面度 0.04；与基准 B 的垂直度 0.04。

2.锯割不允许使用其他方法修整，要求平面度 0.50；与基准 B 的垂直度 0.50。

3.錾削面要求：平面度 0.30；与基准 B 的垂直度 0.40。

（三）配分与评分标准

| 序号 | 考核项目 | 考核要点 | 配分 | 评分标准 | 扣分 | 得分 |
|---|---|---|---|---|---|---|
| 1 | 锉削 | $10^{+0.04}_{0}$ | 6 | 超差不得分 | | |
| 2 | | $5^{+0.03}_{0}$ | 6 | 超差不得分 | | |
| 3 | | 40±0.03（3处） | 18 | 超差不得分 | | |
| 4 | | ⊥ 0.04 A | 6 | 超差不得分 | | |
| 5 | | ⊥ 0.04 B | 8 | 超差不得分 | | |
| 6 | | // 0.03 A | 6 | 超差不得分 | | |
| 7 | | // 0.03 B | 6 | 超差不得分 | | |
| 8 | | ≡ 0.1 C | 6 | 超差不得分 | | |
| 9 | | 表面粗糙度 Ra3.2 | 8 | 升高一级不得分 | | |
| 10 | 錾削 | 20±0.3 | 4 | 超差不得分 | | |
| 11 | | ⊥ 0.4 B | 4 | 超差不得分 | | |
| 12 | | Ra25 | 2 | 升高一级不得分 | | |

续表

| 序号 | 考核项目 | 考核要点 | 配分 | 评分标准 | 扣分 | 得分 |
| --- | --- | --- | --- | --- | --- | --- |
| 13 | 锯割 | 20±0.4 | 3 | 超差不得分 | | |
| 14 | | 20±0.35 | 3 | 超差不得分 | | |
| 15 | | ⊥ 0.5 B | 2 | 超差不得分 | | |
| 16 | | 表面粗糙度 Ra50 | 2 | 升高一级不得分 | | |
| 17 | 安全文明生产 | 正确执行国家有关安全技术操作规程及文明生产规定 | 4 | 违规扣 4 分 | | |
| 18 | 设备使用 | 各种相关及辅助设备的使用符合有关规定 | 3 | 违规扣 3 分 | | |
| 19 | 工、量具使用 | 各种工具、量具的使用符合有关规定 | 3 | 违规扣 3 分 | | |
| 合计 | | | 100 | | | |
| 否定项：造成设备严重损坏及人员重伤以上事故，考核全程否定，即按 0 分处理 | | | | | | |

评分人：　　　　　　　　年　月　日　　核分人：　　　　　　　　年　月　日

试题 2. 压块

（一）准备要求

1. 鉴定机构准备

（1）材料准备。

| 序号 | 材料名称 | 规格 | 数量 | 备注 |
| --- | --- | --- | --- | --- |
| 1 | Q235 - A | 75×56×22 | 1 | |

备料图：

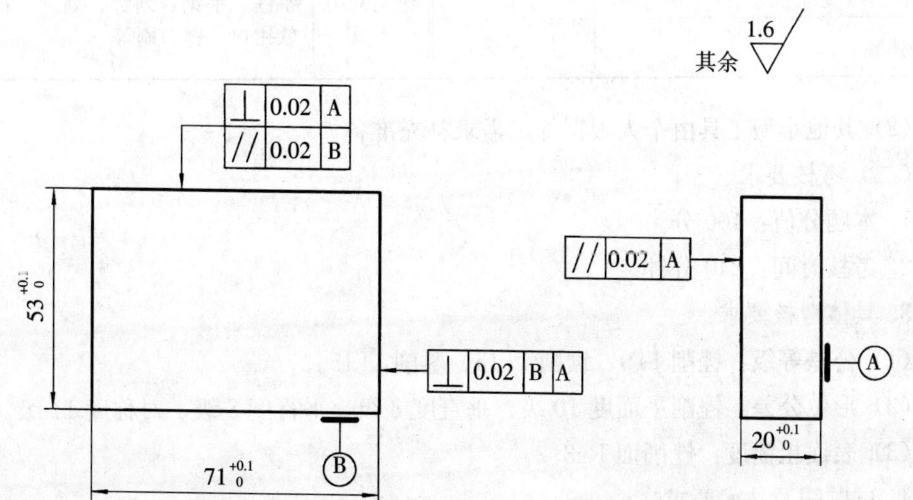

（2）设备准备。

| 序号 | 名　称 | 规　　格 | 序号 | 名　称 | 规　　格 |
|---|---|---|---|---|---|
| 1 | 划线平台 | 2000×1500mm | 4 | 钳台 | 3000×2000mm |
| 2 | 方箱 | 205×205×205mm | 5 | 台虎钳 | 125mm |
| 3 | 台式钻床 | Z4112 | 6 | 砂轮机 | S3SL-250 |

备注：划线平台、钻床、砂轮机、钳台及附件配套齐全，布局合理。

2. 考生准备

（1）工、量、刃具准备。

| 名　称 | 规　格 | 精度 | 数量 | 名　称 | 规　格 | 精度 | 数量 |
|---|---|---|---|---|---|---|---|
| 游标高度尺 | 0～300mm | 0.02 | 1 | 平锉 | 250mm（1号纹） | | 1 |
| 游标卡尺 | 0～150mm | 0.02 | 1 | | 250mm（3号纹） | | 1 |
| 万能角度尺 | 0°～320° | ±2′ | 1 | | 250mm（4号纹） | | 1 |
| 钢直尺 | 0～150mm | | 1 | 钻头 | ϕ3、ϕ6、ϕ12 | | 1 |
| 刀口尺 | 125mm | 1级 | 1 | 方锉 | 200mm（1号纹） | | 1 |
| 直角尺 | 100×63mm | 1级 | 1 | | 200mm（3号纹） | | 1 |
| 千分尺 | 50～75mm | 0.01 | 1 | 圆锉 | 200mm（1号纹） | | 1 |
| R规 | 7～14.5mm | | 1 | | 200mm（3号纹） | | 1 |
| 扁錾 | | | 1 | 钳工常用工具 | 手锤、手锯、划针、划规、样冲、软钳口、锉刀刷等 | | |
| 狭錾 | | | 1 | | | | |

（2）其他小型工具由个人根据加工需求补充准备。

（二）考核要求

1. 本题分值：100分。

2. 考核时间：240分钟。

3. 具体考核要求：

（1）公差等级：锉削IT9、锯削IT15、錾削IT15。

（2）形位公差：锉削平面度10级、垂直度8级、平行度8级、对称度11级。

（3）表面粗糙度：锉削面Ra3.2。

4. 试题图及技术要求：

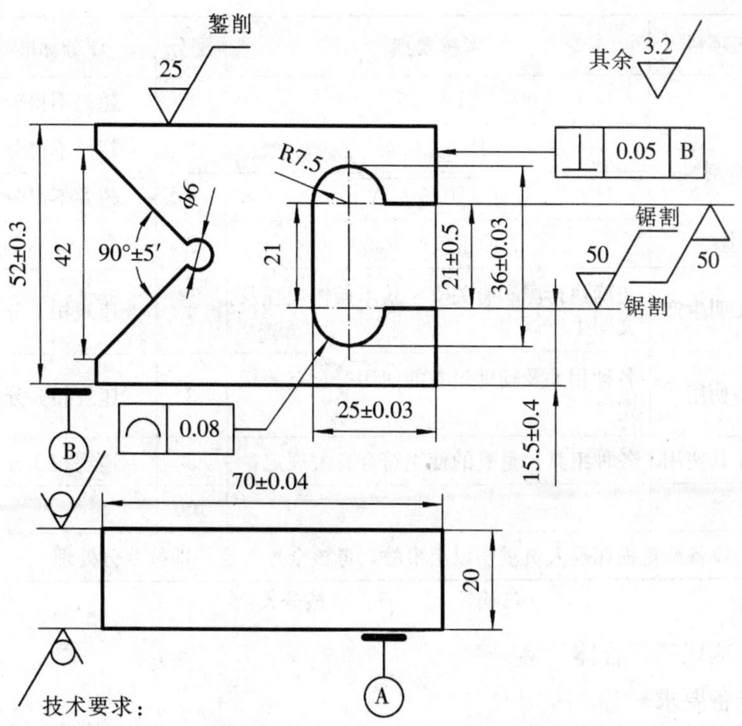


技术要求：

1.各锉削面要求：平面度 0.04；与基准 A 的垂直度 0.05。

2.锯割不允许使用其他方法修整，要求平面度 0.50；与基准 A 的垂直度 0.50。

3.錾削面要求：平面度 0.30；与基准 A 的垂直度 0.40。

## （三）压块操作技能评分表

| 序号 | 考核项目 | 考核要点 | 配分 | 评分标准 | 扣分 | 得分 |
|---|---|---|---|---|---|---|
| 1 | 锉削 | 70±0.04 | 9 | 超差不得分 | | |
| 2 | | 25±0.03 | 8 | 超差不得分 | | |
| 3 | | 90°±5′ | 8 | 超差不得分 | | |
| 4 | | ⊥ 0.05 B | 5 | 超差不得分 | | |
| 5 | | ⊥ 0.05 A | 14 | 超差不得分 | | |
| 6 | | ▱ 0.04 | 10 | 超差不得分 | | |
| 7 | | ⌒ 0.08 | 10 | 超差不得分 | | |
| 8 | | 表面粗糙度 Ra3.2 | 6 | 升高一级不得分 | | |
| 9 | 錾削 | 52±0.3 | 4 | 超差不得分 | | |
| 10 | | ⊥ 0.4 A | 4 | 超差不得分 | | |
| 11 | | Ra25 | 2 | 升高一级不得分 | | |

续表

| 序号 | 考核项目 | 考核要点 | 配分 | 评分标准 | 扣分 | 得分 |
|---|---|---|---|---|---|---|
| 12 | 锯 割 | 21±0.5 | 2 | 超差不得分 | | |
| 13 | | 15.5±0.4 | 2 | 超差不得分 | | |
| 14 | | ⊥ 0.5 A | 4 | 超差不得分 | | |
| 15 | | 表面粗糙度 Ra50 | 2 | 升高一级不得分 | | |
| 16 | 安全文明生产 | 正确执行国家有关安全技术操作规程及文明生产规定 | 4 | 违规扣 4 分 | | |
| 17 | 设备使用 | 各种相关及辅助设备的使用符合有关规定 | 3 | 违规扣 3 分 | | |
| 18 | 工、量具使用 | 各种工具、量具的使用符合有关规定 | 3 | 违规扣 3 分 | | |
| 合计 | | | 100 | | | |
| 否定项：造成设备严重损坏及人员重伤以上事故，考核全程否定，即按 0 分处理 | | | | | | |

评分人：　　　　　　　　　　　年　月　日　　核分人：　　　　　　　　　　　年　月　日

试题 3. 燕尾槽组合体

（一）准备要求

1. 鉴定机构准备

（1）材料准备。

| 序号 | 材料名称 | 规格 | 数量 | 备注 |
|---|---|---|---|---|
| 1 | Q235 - A | 65×65×14 | 1 | |

备料图：

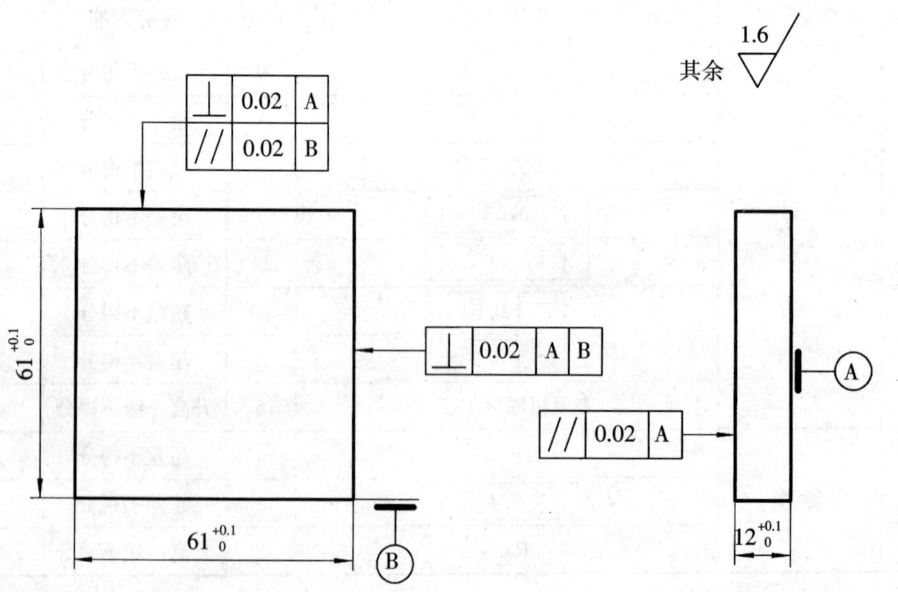

（2）设备准备。

| 序号 | 名　称 | 规　　格 | 序号 | 名　称 | 规　　格 |
|---|---|---|---|---|---|
| 1 | 划线平台 | 2000×1500 | 4 | 钳台 | 3000×2000 |
| 2 | 方箱 | 205×205×205 | 5 | 台虎钳 | 125mm |
| 3 | 台式钻床 | Z4112 | 6 | 砂轮机 | S3SL－250 |

备注：划线平台、钻床、砂轮机、钳台及附件配套齐全，布局合理。

2. 考生准备

（1）工、量、刃具准备。

| 名　称 | 规　格 | 精度 | 数量 | 名　称 | 规　格 | 精度 | 数量 |
|---|---|---|---|---|---|---|---|
| 游标高度尺 | 0～300mm | 0.02 | 1 | 平锉 | 250mm（1号纹） | | 1 |
| 游标卡尺 | 0～150mm | 0.02 | 1 | | 250mm（3号纹） | | 1 |
| 万能角度尺 | 0°～320° | ±2′ | 1 | | 250mm（4号纹） | | 1 |
| 钢直尺 | 0～150mm | | 1 | 钻头 | ϕ3 | | 1 |
| 刀口尺 | 125mm | 1级 | 1 | 三角锉 | 200mm（1号纹） | | 1 |
| 直角尺 | 100×63mm | 1级 | 1 | | 200mm（3号纹） | | 1 |
| 千分尺 | 50～75mm | 0.01 | 1 | 检验棒 | ϕ14×20 | h8 | 2 |
| 扁錾 | | | 1 | 钳工常用工具 | 手锤、手锯、划针、划规、样冲、软钳口、锉刀刷等 | | |
| 狭錾 | | | 1 | | | | |

（2）其他小型工具由个人根据加工需求补充准备。

（二）考核要求

1. 本题分值：100分。

2. 考核时间：240分钟。

3. 具体考核要求：

（1）公差等级：锉削IT9、锯削IT15、錾削IT15。

（2）形位公差：锉削平面度10级、垂直度8级、平行度8级、对称度11级。

（3）表面粗糙度：锉削面Ra3.2。

4. 试题图及技术要求：

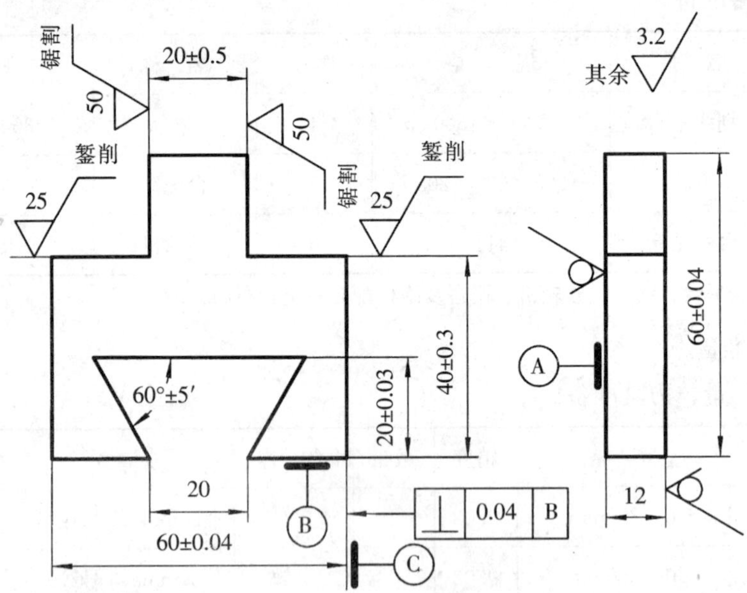


技术要求：

1.各锉削面要求：平面度 0.03；与基准 A 的垂直度 0.03。

2.锯割不允许使用其他方法修整，要求平面度 0.50；与基准 A 的垂直度 0.50。

3.錾削面要求：平面度 0.30；与基准 A 的垂直度 0.40。

（三）燕尾槽组合体操作技能评分表

| 序号 | 考核项目 | 考核要点 | 配分 | 评分标准 | 扣分 | 得分 |
|---|---|---|---|---|---|---|
| 1 | 锉 削 | 60±0.04 | 16 | 超差不得分 | | |
| 2 | | 20±0.03 | 8 | 超差不得分 | | |
| 3 | | 60°±5′ | 16 | 超差不得分 | | |
| 4 | | ⊥ 0.04 B | 2 | 超差不得分 | | |
| 5 | | ▱ 0.03 | 8 | 超差不得分 | | |
| 6 | | ⊥ 0.03 A | 14 | 超差不得分 | | |
| 7 | | 表面粗糙度 Ra3.2 | 6 | 升高一级不得分 | | |
| 8 | 錾 削 | 40±0.3 | 4 | 超差不得分 | | |
| 9 | | ⊥ 0.4 A | 4 | 超差不得分 | | |
| 10 | | Ra25 | 2 | 升高一级不得分 | | |
| 11 | 锯 割 | 20±0.5 | 4 | 超差不得分 | | |
| 12 | | ⊥ 0.5 A | 4 | 超差不得分 | | |
| 13 | | 表面粗糙度 Ra50 | 2 | 超差不得分 | | |
| 14 | 安全文明生产 | 正确执行国家有关安全技术操作规程及文明生产规定 | 4 | 违规扣 4 分 | | |

续表

| 序号 | 考核项目 | 考核要点 | 配分 | 评分标准 | 扣分 | 得分 |
|---|---|---|---|---|---|---|
| 15 | 设备使用 | 各种相关及辅助设备的使用符合有关规定 | 3 | 违规扣 3 分 | | |
| 16 | 工、量具使用 | 各种工具、量具的使用符合有关规定 | 3 | 违规扣 3 分 | | |
| 合计 | | | 100 | | | |
| 否定项：造成设备严重损坏及人员重伤以上事故，考核全程否定，即按 0 分处理 | | | | | | |

评分人：　　　　　年　月　日　　核分人：　　　　　年　月　日

## 二、A—A—002 锉削 锯削 钻孔

本试题下共有 3 道考核试题，这些试题统一的考核要求和配分与评分标准如下：

### 1. 考核要求

| 公差等级 项目 / 考核内容 | 尺寸精度 | 表面粗糙度 | 形状与位置精度 | | | |
|---|---|---|---|---|---|---|
| | | | 平面度 | 垂直度 | 平行度 | 对称度 |
| 锉削 | IT9<br>4 处以上 | Ra3. 2<br>4 处以上 | 10 级<br>4 处以上 | 8 级<br>2 处以上 | 8 级<br>3 处以上 | 11 级 |
| 锯削 | IT15 | Ra50 | 12 级 | 12 级 | | |
| | 2 处 | | | | | |
| 钻孔 | IT12 | Ra3. 2 | | 11 级 | | 12 级 |

### 2. 配分与评分标准

| 序号 | 考核项目 | 考核要点 | 配分 | 评分标准 |
|---|---|---|---|---|
| 1 | 锉削 | 公差等级 IT9 | 60 | 超差不得分 |
| 2 | | 形位公差：平面度 10 级、垂直度 8 级、平行度 8 级、对称度 11 级 | | 超差不得分 |
| 3 | | 表面粗糙度 Ra3. 2 | | 升高一级不得分 |
| 4 | 锯削 | 公差等级 IT15 | 15 | 超差不得分 |
| 5 | | 形位公差：平面度 12 级、垂直度 12 级 | | 超差不得分 |
| 6 | | 表面粗糙度 Ra50 | | 升高一级不得分 |
| 7 | 钻孔 | 公差等级 IT12 | 15 | 超差不得分 |
| 8 | | 形位公差：垂直度 11 级、对称度 12 级 | | 超差不得分 |
| 9 | | 表面粗糙度 Ra3. 2 | | 升高一级不得分 |

续表

| 序号 | 考核项目 | 考核要点 | 配分 | 评分标准 |
| --- | --- | --- | --- | --- |
| 10 | 安全文明生产 | 正确执行国家有关安全技术操作规程及文明生产规定 | 10 | 违规扣 4 分 |
| 11 | 设备使用 | 各种相关及辅助设备的使用符合有关规定 | | 违规扣 3 分 |
| 12 | 工、量具使用 | 各种工具、量具的使用符合有关规定 | | 违规扣 3 分 |
| 合计 | | | 100 | |
| 否定项：造成设备严重损坏及人员重伤以上事故，考核全程否定，即按 0 分处理 | | | | |

试题 1. 三角块

（一）准备要求

1. 鉴定机构准备

（1）材料准备。

| 序号 | 材料名称 | 规格 | 数量 | 备注 |
| --- | --- | --- | --- | --- |
| 1 | Q235－A | ϕ65×14 | 1 | |

备料图：

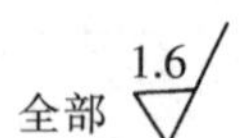


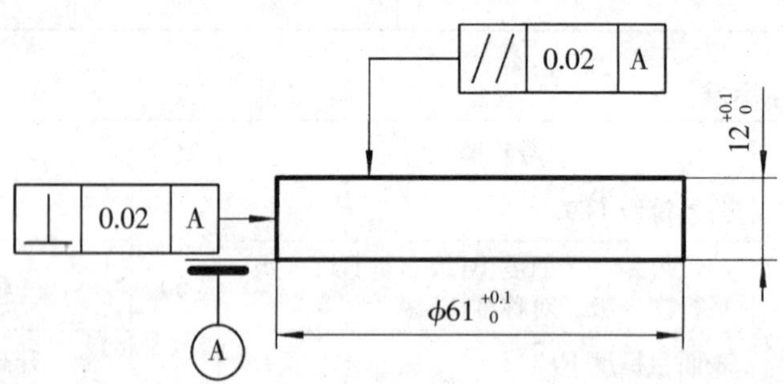


（2）设备准备。

| 序号 | 名　称 | 规　　格 | 序号 | 名　称 | 规　　格 |
| --- | --- | --- | --- | --- | --- |
| 1 | 划线平台 | 2000×1500 | 4 | 钳台 | 3000×2000 |
| 2 | 方箱 | 205×205×205 | 5 | 台虎钳 | 125 |
| 3 | 台式钻床 | Z4112 | 6 | 砂轮机 | S3SL－250 |

备注：划线平台、钻床、砂轮机、钳台及附件配套齐全，布局合理。

2. 考生准备

（1）工、量、刃具准备。

| 名　称 | 规　格 | 精度 | 数量 | 名　称 | 规　格 | 精度 | 数量 |
|---|---|---|---|---|---|---|---|
| 游标高度尺 | 0～300mm | 0.02 | 1 | 平锉 | 250mm（1号纹） | | 1 |
| 游标卡尺 | 0～150mm | 0.02 | 1 | | 250mm（3号纹） | | 1 |
| 万能角度尺 | 0°～320° | ±2′ | 1 | | 250mm（4号纹） | | 1 |
| 钢直尺 | 0～150mm | | 1 | 钻头 | ϕ3 | | 1 |
| 刀口尺 | 125mm | 1级 | 1 | | ϕ10 | | 1 |
| 直角尺 | 100×63mm | 1级 | 1 | 钳工常用工具 | 手锤、手锯、划针、划规、样冲、软钳口、锉刀刷等 | | |

（2）其他小型工具由个人根据加工需求补充准备。

（二）考核要求

1. 本题分值：100分。

2. 考核时间：240分钟。

3. 具体考核要求：

（1）公差等级：锉削IT9、钻孔IT12。

（2）形位公差：锉削垂直度8级、平面度10级，钻孔垂直度11级。

（3）表面粗糙度：锉削Ra3.2、钻孔Ra3.2。

4. 试题图及技术要求：

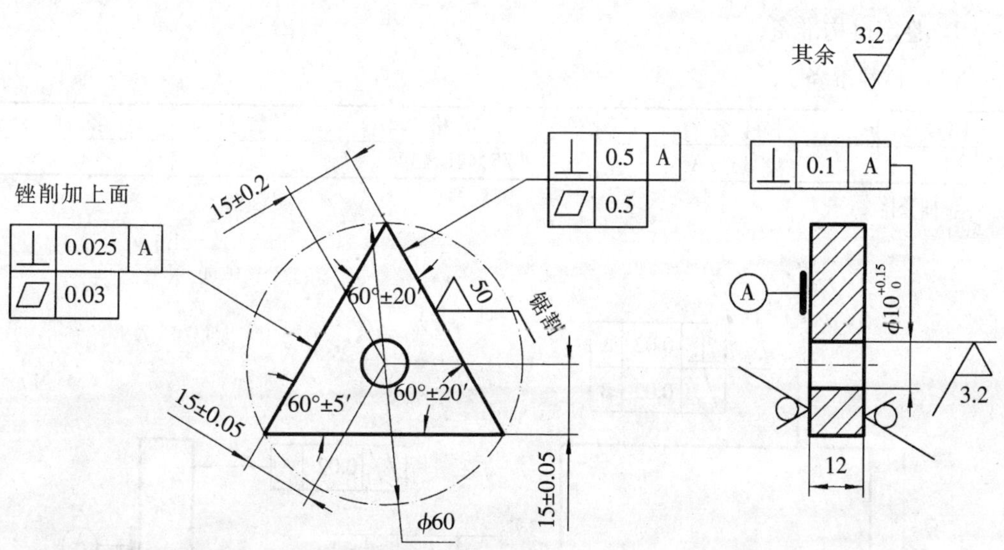


（三）三角块操作技能评分表

| 序号 | 考核项目 | 考核要点 | 配分 | 评分标准 | 扣分 | 得分 |
|---|---|---|---|---|---|---|
| 1 | 锉削 | 15±0.05 | 20 | 超差不得分 | | |
| 2 | | 60°±5′ | 12 | 超差不得分 | | |
| 3 | | ⊥ 0.025 A | 12 | 超差不得分 | | |
| 4 | | ▱ 0.03 | 12 | 超差不得分 | | |
| 5 | | 表面粗糙度 Ra3.2 | 4 | 升高一级不得分 | | |
| 6 | 锯割 | 15±0.2 | 6 | 超差不得分 | | |
| 7 | | ⊥ 0.5 A | 6 | 超差不得分 | | |
| 8 | | Ra50 | 3 | 超差不得分 | | |
| 9 | 钻孔 | $\phi10^{+0.15}_{0}$ | 8 | 超差不得分 | | |
| 10 | | ⊥ 0.1 A | 4 | 超差不得分 | | |
| 11 | | 表面粗糙度 Ra3.2 | 3 | 升高一级不得分 | | |
| 12 | 安全文明生产 | 正确执行国家有关安全技术操作规程及文明生产规定 | 4 | 违规扣 4 分 | | |
| 13 | 设备使用 | 各种相关及辅助设备的使用符合有关规定 | 3 | 违规扣 3 分 | | |
| 14 | 工、量具使用 | 各种工具、量具的使用符合有关规定 | 3 | 违规扣 3 分 | | |
| 合计 | | | 100 | | | |
| 否定项：造成设备严重损坏及人员重伤以上事故，考核全程否定，即按 0 分处理 | | | | | | |

评分人：　　　　　　　　　　年　月　日　　核分人：　　　　　　　　　　年　月　日

试题 2. 梯形模块

（一）准备要求

1. 鉴定机构准备

（1）材料准备。

| 序号 | 材料名称 | 规格 | 数量 | 备注 |
|---|---|---|---|---|
| 1 | Q235 - A | 75×45×14 | 1 | |

备料图：

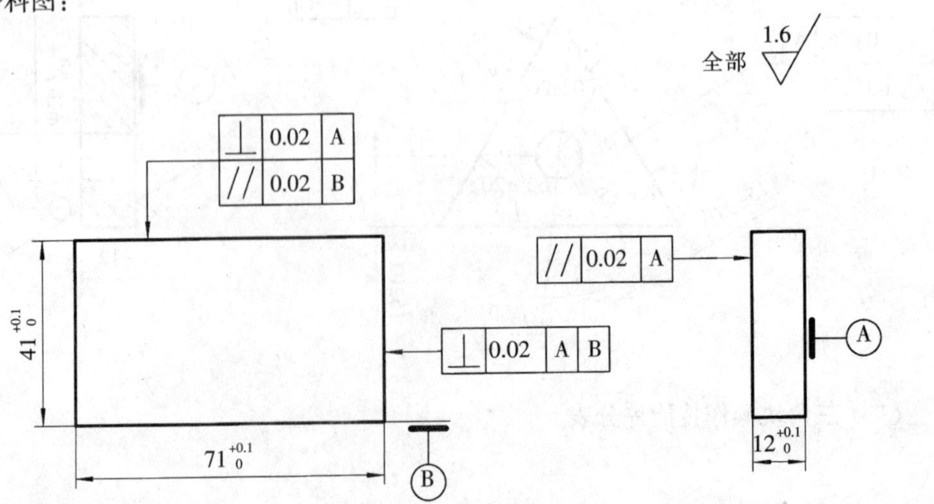

（2）设备准备。

| 序号 | 名 称 | 规 格 | 序号 | 名 称 | 规 格 |
|---|---|---|---|---|---|
| 1 | 划线平台 | 2000×1500mm | 4 | 钳台 | 3000×2000mm |
| 2 | 方箱 | 205×205×205mm | 5 | 台虎钳 | 125mm |
| 3 | 台式钻床 | Z4112 | 6 | 砂轮机 | S3SL－250 |

备注：划线平台、钻床、砂轮机、钳台及附件配套齐全，布局合理。

2. 考生准备

（1）工、量、刃具准备。

| 名 称 | 规 格 | 精 度 | 数 量 | 名 称 | 规 格 | 精 度 | 数 量 |
|---|---|---|---|---|---|---|---|
| 游标高度尺 | 0～300mm | 0.02 | 1 | 平锉 | 250mm（1号纹） | | 1 |
| 游标卡尺 | 0～150mm | 0.02 | 1 | | 250mm（3号纹） | | 1 |
| 万能角度尺 | 0°～320° | ±2′ | 1 | | 250mm（4号纹） | | 1 |
| 钢直尺 | 0～150mm | | 1 | 钻头 | ϕ3 | | 1 |
| 刀口尺 | 125mm | 1级 | 1 | | ϕ8 | | 1 |
| 直角尺 | 100×63mm | 1级 | 1 | | ϕ10 | | 1 |
| 千分尺 | 0～25mm | | 1 | 钳工常用工具 | 手锤、手锯、划针、划规、样冲、软钳口、锉刀刷等 | | |
| | 25～50mm | | 1 | | | | |

（2）其他小型工具由个人根据加工需求补充准备

（二）考核要求

1. 本题分值：100分。

2. 考核时间：240分钟。

3. 具体考核要求：

（1）公差等级：锉削IT9、钻孔IT12。

（2）形位公差：锉削平面度10级、垂直度8级、钻孔垂直度11级、对称度12级。

（3）表面粗糙度：锉削Ra3.2、钻孔Ra3.2。

4. 试题图及技术要求：

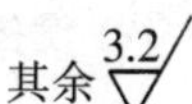


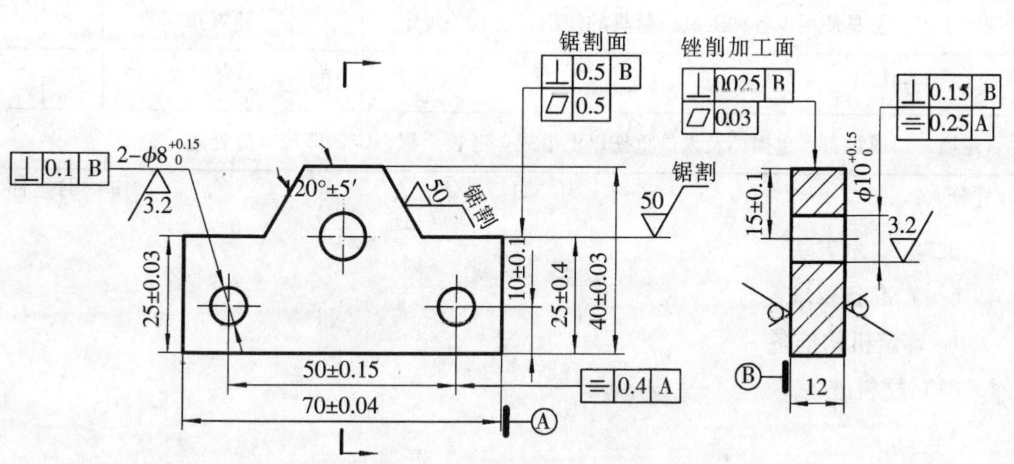

（三）梯形模块操作技能评分表

| 序号 | 考核项目 | 考核要点 | 配分 | 评分标准 | 扣分 | 得分 |
|---|---|---|---|---|---|---|
| 1 | 锉削 | 70±0.04 | 8 | 超差不得分 | | |
| 2 | | 40±0.03 | 5 | 超差不得分 | | |
| 3 | | 25±0.03 | 8 | 超差不得分 | | |
| 4 | | 120°±5′ | 8 | 超差不得分 | | |
| 5 | | ⊥ 0.025 B | 6 | 超差不得分 | | |
| 6 | | ▱ 0.03 | 6 | 超差不得分 | | |
| 7 | 表面粗糙度 Ra3.2 | | 6 | 升高一级不得分 | | |
| 8 | 锯割 | 25±0.4 | 6 | 超差不得分 | | |
| 9 | | ⊥ 0.5 B | 4 | 超差不得分 | | |
| 10 | | Ra50 | 2 | 超差不得分 | | |
| 11 | 钻孔 | $\phi10^{+0.15}_{0}$ | 4 | 超差不得分 | | |
| 12 | | ⊥ 0.15 B | 2 | 超差不得分 | | |
| 13 | | ⌯ 0.25 A | 2 | 超差不得分 | | |
| 14 | | $\phi8^{+0.15}_{0}$ | 8 | 超差不得分 | | |
| 15 | | 15±0.1 | 2 | 超差不得分 | | |
| 16 | | 10±0.1 | 2 | 超差不得分 | | |
| 17 | | 50±0.15 | 4 | 超差不得分 | | |
| 18 | | ⌯ 0.4 A | 4 | 超差不得分 | | |
| 19 | | 表面粗糙度 Ra3.2 | 3 | 升高一级不得分 | | |
| 20 | 安全文明生产 | 正确执行国家有关安全技术操作规程及文明生产规定 | 4 | 违规扣4分 | | |
| 21 | 设备使用 | 各种相关及辅助设备的使用符合有关规定 | 3 | 违规扣3分 | | |
| 22 | 工、量具使用 | 各种工具、量具的使用符合有关规定 | 3 | 违规扣3分 | | |
| 合计 | | | 100 | | | |
| 否定项：造成设备严重损坏及人员重伤以上事故，考核全程否定，即按0分处理 | | | | | | |

评分人：　　　　　　　　年　月　日　　核分人：　　　　　　　　年　月　日

试题3. 六方块

（一）准备要求

1. 鉴定机构准备

（1）材料准备。

| 序号 | 材料名称 | 规格 | 数量 | 备注 |
| --- | --- | --- | --- | --- |
| 1 | Q235－A | ϕ65×32 | 1 | |

备料图：

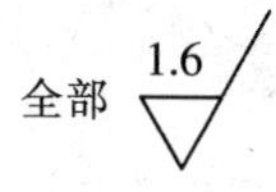


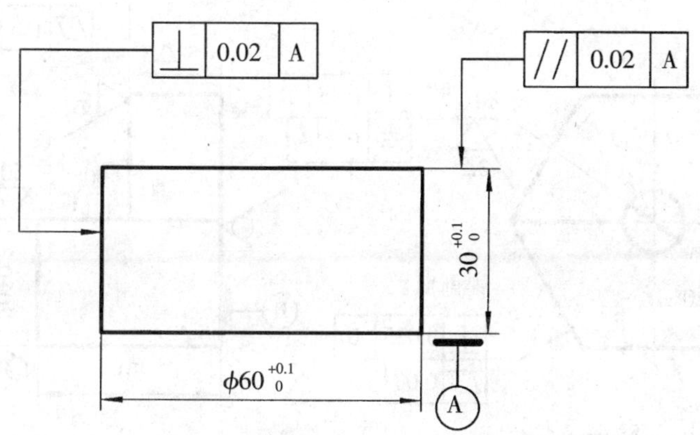


（2）设备准备。

| 序号 | 名　称 | 规　　格 | 序号 | 名　称 | 规　　格 |
| --- | --- | --- | --- | --- | --- |
| 1 | 划线平台 | 2000×1500 | 4 | 钳台 | 3000×2000 |
| 2 | 方箱 | 205×205×205 | 5 | 台虎钳 | 125mm |
| 3 | 台式钻床 | Z4112 | 6 | 砂轮机 | S3SL－250 |

备注：划线平台、钻床、砂轮机、钳台及附件配套齐全，布局合理。

2. 考生准备

（1）工、量、刃具准备。

| 名　称 | 规　格 | 精度 | 数量 | 名　称 | 规　格 | 精度 | 数量 |
| --- | --- | --- | --- | --- | --- | --- | --- |
| 游标高度尺 | 0～300mm | 0.02 | 1 | 平锉 | 250mm（1号纹） | | 1 |
| 游标卡尺 | 0～150mm | 0.02 | 1 | | 250mm（3号纹） | | 1 |
| 万能角度尺 | 0°～320° | ±2′ | 1 | | 250mm（4号纹） | | 1 |
| 钢直尺 | 0～150mm | | 1 | 钻头 | ϕ10 | | 1 |
| 刀口尺 | 125mm | 1级 | 1 | 钳工常用工具 | 手锤、手锯、划针、划规、样冲、软钳口、锉刀刷等 | | |
| 直角尺 | 100×63mm | 1级 | 1 | | | | |
| 千分尺 | 25～30mm | | 1 | | | | |

（2）其他小型工具由个人根据加工需求补充准备。

（二）考核要求

1. 本题分值：100分。

2. 考核时间：240分钟。

3. 具体考核要求：

（1）公差等级：锉削 IT9、钻孔 IT12。

（2）形位公差：锉削平面度 10 级、垂直度 8 级、钻孔垂直度 11 级、对称度 12 级。

（3）表面粗糙度：锉削 Ra3.2、钻孔 Ra3.2。

4. 试题图及技术要求：

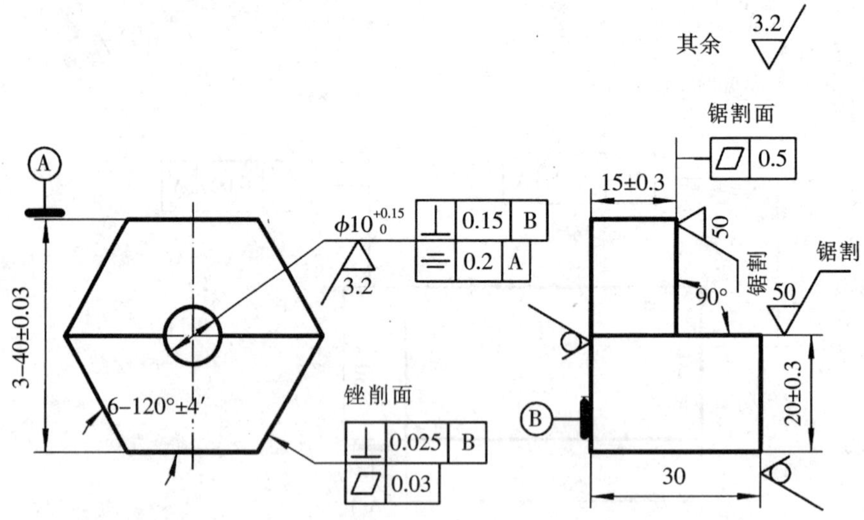


（三）六方块操作技能评分表

| 序号 | 考核项目 | 考核要点 | 配分 | 评分标准 | 扣分 | 得分 |
|---|---|---|---|---|---|---|
| 1 | 锉削 | 40±0.03 | 18 | 超差不得分 | | |
| 2 | | 120°±4′ | 18 | 超差不得分 | | |
| 3 | | ⊥ 0.025 B | 12 | 超差不得分 | | |
| 4 | | ▱ 0.03 | 12 | 超差不得分 | | |
| 5 | | 表面粗糙度 Ra3.2 | 6 | 升高一级不得分 | | |
| 6 | 锯割 | 20±0.3 | 6 | 超差不得分 | | |
| 7 | | 15±0.3 | 2 | 超差不得分 | | |
| 8 | | Ra50 | 2 | 升高一级不得分 | | |
| 9 | 钻孔 | $\phi10^{+0.15}_{0}$ | 2 | 超差不得分 | | |
| 10 | | ⊥ 0.15 B | 2 | 超差不得分 | | |
| 11 | | ⌯ 0.2 A | 6 | 超差不得分 | | |
| 12 | | 表面粗糙度 Ra3.2 | 2 | 升高一级不得分 | | |
| 13 | 安全文明生产 | 正确执行国家有关安全技术操作规程及文明生产规定 | 4 | 违规扣 4 分 | | |
| 14 | 设备使用 | 各种相关及辅助设备的使用符合有关规定 | 3 | 违规扣 3 分 | | |
| 15 | 工、量具使用 | 各种工具、量具的使用符合有关规定 | 3 | 违规扣 3 分 | | |
| 合计 | | | 100 | | | |
| 否定项：造成设备严重损坏及人员重伤以上事故，考核全程否定，即按 0 分处理 | | | | | | |

评分人：　　　　　　　　年　月　日　　核分人：　　　　　　　　年　月　日

## 三、A—A—003 锉削 钻孔 铰孔

本试题下共有 3 道考核试题，这些试题统一的考核要求和配分与评分标准如下：

### 1. 考核要求

| 项目 / 公差等级 / 考核内容 | 尺寸精度 | 表面粗糙度 | 形状与位置精度 | | | |
|---|---|---|---|---|---|---|
| | | | 平面度 | 垂直度 | 平行度 | 对称度 |
| 锉削 | IT9<br>4 处以上 | Ra3.2<br>4 处以上 | 10 级<br>4 处以上 | 8 级<br>2 处以上 | 8 级<br>3 处以上 | 11 级 |
| 铰孔 | IT8 | Ra1.6<br>2 处以上 | | 10 级<br>2 处以上 | | 12 级<br>4 处以上 |
| 钻孔 | IT12<br>2 处以上 | Ra3.2<br>2 处以上 | | 11 级 | | 12 级 |

### 2. 配分与评分标准

| 序号 | 考核内容 | 考核要点 | 配分 | 评分标准 |
|---|---|---|---|---|
| 1 | 锉削 | 公差等级 IT9 | 70 | 超差不得分 |
| 2 | | 形位公差：平面度 10 级、垂直度 8 级、对称度 11 级 | | 超差不得分 |
| 3 | | 表面粗糙度 Ra3.2 | | 升高一级不得分 |
| 4 | 铰孔 | 公差等级 IT8 | 10 | 超差不得分 |
| 5 | | 形位公差：垂直度 10 级、对称度 12 级 | | 超差不得分 |
| 6 | | 表面粗糙度 Ra1.6 | | 升高一级不得分 |
| 7 | 钻孔 | 公差等级 IT11～lT12 | 10 | 超差不得分 |
| 8 | | 形位公差：垂直度 11 级、对称度 12 级 | | 超差不得分 |
| 9 | | 表面粗糙度 Ra3.2 | | 升高一级不得分 |
| 10 | 安全文明生产 | 正确执行国家有关安全技术操作规程及文明生产规定 | 10 | 违规扣 4 分 |
| 11 | 设备使用 | 各种相关及辅助设备的使用符合有关规定 | | 违规扣 3 分 |
| 12 | 工、量具使用 | 各种工具、量具的使用符合有关规定 | | 违规扣 3 分 |
| 合计 | | | 100 | |
| 否定项：造成设备严重损坏及人员重伤以上事故，考核全程否定，即按 0 分处理 | | | | |

试题 3. 六方模块

（一）准备要求

1. 鉴定机构准备

（1）材料准备。

| 序号 | 材料名称 | 规格 | 数量 | 备注 |
|---|---|---|---|---|
| 1 | Q235－A | ϕ65×14 | 1 | |

备料图：

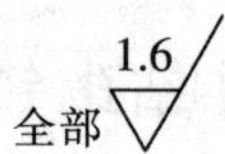


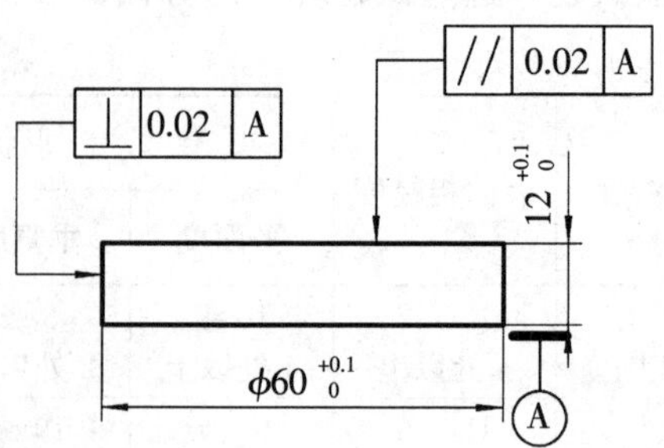


（2）设备准备。

| 序号 | 名　称 | 规　　格 | 序号 | 名　称 | 规　　格 |
|---|---|---|---|---|---|
| 1 | 划线平台 | 2000×1500 | 4 | 钳台 | 3000×2000 |
| 2 | 方箱 | 205×205×205 | 5 | 台虎钳 | 125mm |
| 3 | 台式钻床 | Z4112 | 6 | 砂轮机 | S3SL－250 |

备注：划线平台、钻床、砂轮机、钳台及附件配套齐全，布局合理。

2. 考生准备

（1）工、量、刃具准备。

| 名　称 | 规　格 | 精度 | 数量 | 名　称 | 规　格 | 精度 | 数量 |
|---|---|---|---|---|---|---|---|
| 游标高度尺 | 0～300mm | 0.02 | 1 | 平锉 | 250mm（1号纹） |  | 1 |
| 游标卡尺 | 0～150mm | 0.02 | 1 |  | 250mm（3号纹） |  | 1 |
| 万能角度尺 | 0°～320° | ±2′ | 1 |  | 250mm（4号纹） |  | 1 |
| 钢直尺 | 0～150mm |  | 1 | 钻头 | ϕ3 |  | 1 |
| 刀口尺 | 125mm | 1级 | 1 |  | ϕ10 |  | 1 |
| 直角尺 | 100×63mm | 1级 | 1 |  | ϕ9.7或ϕ9.8 |  | 1 |
| 千分尺 | 25～50mm | 0.01 | 1 | 钳工常用工具 | 手锤、手锯、划针、划规、样冲、铰杠、软钳口、锉刀刷等 |  |  |
| 塞规 | ϕ10 | H7 | 1 |  |  |  |  |
| 铰刀 | ϕ10 | H7 | 1 |  |  |  |  |

（2）其他小型工具由个人根据加工需求补充准备。

（二）考核要求

1. 本题分值：100分。

2. 考核时间：240分钟。

3. 具体考核要求：

（1）公差等级：锉削IT9、钻孔IT12、铰孔IT8。

（2）形位公差：锉削平面度10级、垂直度8级，钻孔垂直度11级、对称度12级，铰孔垂直度10级、对称度12级。

（3）表面粗糙度：锉削Ra3.2、钻孔Ra3.2、铰孔Ra1.6。

4. 试题图及技术要求：

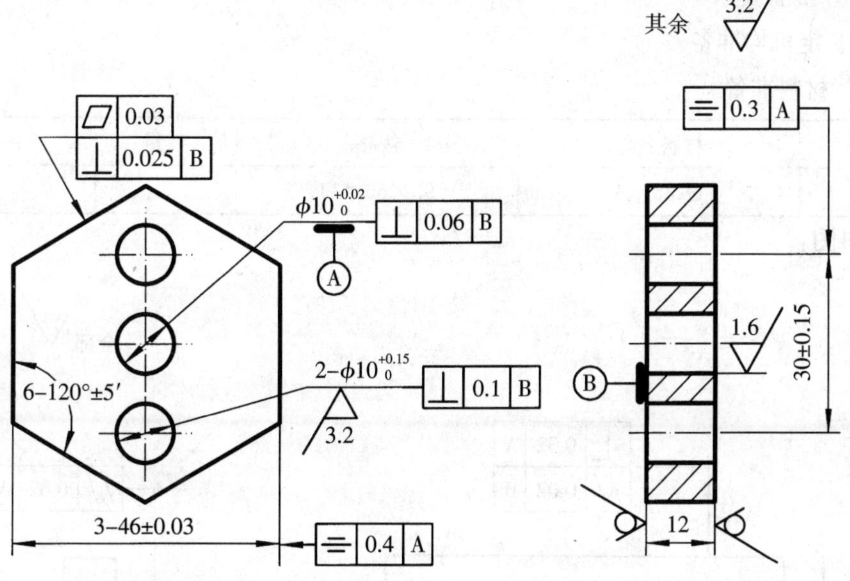


（三）六方模块操作技能评分表

| 序号 | 考核项目 | 考核要点 | 配分 | 评分标准 | 扣分 | 得分 |
|---|---|---|---|---|---|---|
| 1 | 锉削 | 46±0.03 | 18 | 超差不得分 | | |
| 2 | | 120°±5′ | 18 | 超差不得分 | | |
| 3 | | ⊥ 0.025 B | 12 | 超差不得分 | | |
| 4 | | ⌯ 0.4 A | 12 | 超差不得分 | | |
| 5 | | 表面粗糙度 Ra3.2 | 6 | 升高一级不得分 | | |
| 6 | 钻孔 | $\phi10^{+0.15}_{0}$ | 4 | 超差不得分 | | |
| 7 | | 30±0.15 | 4 | 超差不得分 | | |
| 8 | | ⌯ 0.3 A | 2 | 超差不得分 | | |
| 9 | | ⊥ 0.1 B | 4 | 超差不得分 | | |
| 10 | | 表面粗糙度 Ra3.2 | 2 | 升高一级不得分 | | |
| 11 | 铰孔 | $\phi10^{+0.02}_{0}$ | 4 | 超差不得分 | | |
| 12 | | ⊥ 0.06 B | 2 | 超差不得分 | | |
| 13 | | 表面粗糙度 Ra1.6 | 2 | 升高一级不得分 | | |
| 14 | 安全文明生产 | 正确执行国家有关安全技术操作规程及文明生产规定 | 4 | 违规扣 4 分 | | |
| 15 | 设备使用 | 各种相关及辅助设备的使用符合有关规定 | 3 | 违规扣 3 分 | | |
| 16 | 工、量具使用 | 各种工具、量具的使用符合有关规定 | 3 | 违规扣 3 分 | | |
| 合计 | | | 100 | | | |
| 否定项：造成设备严重损坏及人员重伤以上事故，考核全程否定，即按 0 分处理 | | | | | | |

评分人：　　　　　　　　年　月　日　核分人：　　　　　　　　年　月　日

试题 2. V 形压块组合

（一）准备要求

1. 鉴定机构准备

（1）材料准备。

| 序号 | 材料名称 | 规格 | 数量 | 备注 |
|---|---|---|---|---|
| 1 | Q235－A | 95×65×14 | 1 | |

备料图：

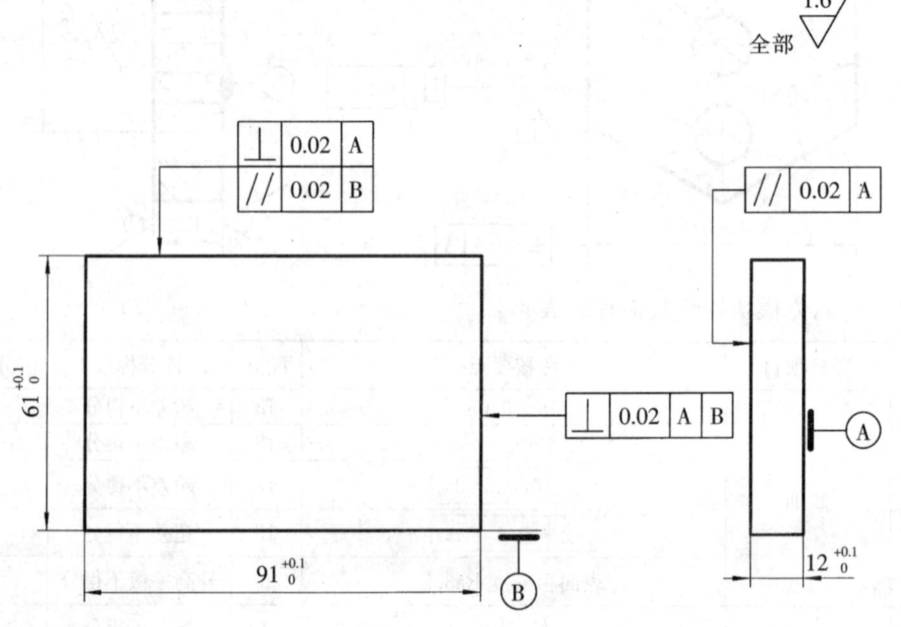


（2）设备准备。

| 序号 | 名　称 | 规　格 | 序号 | 名　称 | 规　格 |
|---|---|---|---|---|---|
| 1 | 划线平台 | 2000×1500 | 4 | 钳台 | 3000×2000 |
| 2 | 方箱 | 205×205×205 | 5 | 台虎钳 | 125 |
| 3 | 台式钻床 | Z4112 | 6 | 砂轮机 | S3SL－250 |

备注：划线平台、钻床、砂轮机、钳台及附件配套齐全，布局合理。

2. 考生准备

（1）工、量、刃具准备。

| 名　称 | 规　格 | 精度 | 数量 | 名　称 | 规　格 | 精度 | 数量 |
|---|---|---|---|---|---|---|---|
| 游标高度尺 | 0～300mm | 0.02 | 1 | 平锉 | 250mm（1 号纹） | | 1 |
| 游标卡尺 | 0～150mm | 0.02 | 1 | | 250mm（3 号纹） | | 1 |
| 万能角度尺 | 0°～320° | ±2′ | 1 | | 250mm（4 号纹） | | 1 |

续表

| 名　称 | 规　格 | 精度 | 数量 | 名　称 | 规　格 | 精度 | 数量 |
|---|---|---|---|---|---|---|---|
| 钢直尺 | 0～150mm | | 1 | 钻头 | ϕ5 | | 1 |
| 刀口尺 | 125mm | 1级 | 1 | | ϕ8 | | 1 |
| 直角尺 | 100×63mm | 1级 | 1 | | ϕ9.7或ϕ9.8 | | 1 |
| 铰刀 | ϕ10 | H7 | 1 | 检验棒 | ϕ12×20 | h7 | 1 |
| 塞规 | ϕ10 | H7 | 1 | 钳工常用工具 | 手锤、手锯、划针、划规、样冲、软钳口、铰杠、锉刀刷等 | | |
| 千分尺 | 0～25mm | | 1 | | | | |

（2）其他小型工具由个人根据加工需求补充准备。

（二）考核要求

1. 本题分值：100分。

2. 考核时间：240分钟。

3. 具体考核要求：

（1）公差等级：锉削IT9、钻孔IT12、铰孔IT8。

（2）形位公差：锉削平面度10级、垂直度8级，钻孔垂直度11级、对称度12级，铰孔垂直度10级、对称度12级。

（3）表面粗糙度：锉削Ra3.2、钻孔Ra3.2、铰孔Ra1.6。

4. 试题图及技术要求：

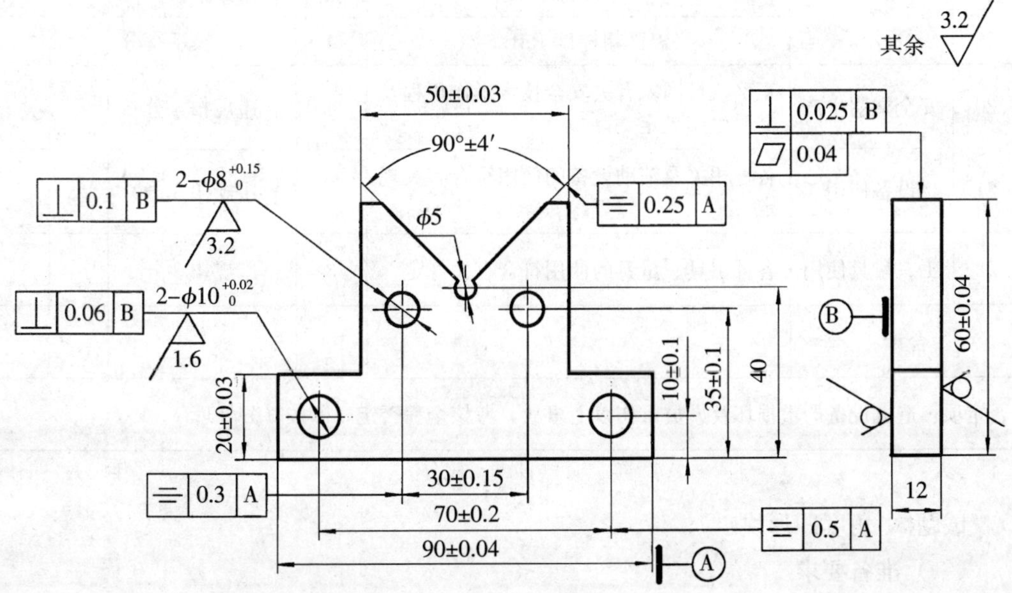


（三）V形压块组合操作技能评分表

| 序号 | 考核项目 | 考核要点 | 配分 | 评分标准 | 扣分 | 得分 |
|---|---|---|---|---|---|---|
| 1 | 锉削 | 90±0.04 | 6 | 超差不得分 | | |
| 2 | | 60±0.04 | 6 | 超差不得分 | | |
| 3 | | 20±0.03 | 8 | 超差不得分 | | |
| 4 | | 50±0.03 | 6 | 超差不得分 | | |
| 5 | | 90°±4′ | 8 | 超差不得分 | | |
| 6 | | ⊥ 0.025 B | 6 | 超差不得分 | | |
| 7 | | ⌯ 0.25 A | 4 | 超差不得分 | | |
| 8 | | 表面粗糙度 Ra3.2 | 6 | 升高一级不得分 | | |
| 9 | 钻孔 | $\phi8^{+0.15}_{0}$ | 4 | 超差不得分 | | |
| 10 | | 30±0.15 | 4 | 超差不得分 | | |
| 11 | | 35±0.1 | 4 | 超差不得分 | | |
| 12 | | ⌯ 0.3 A | 4 | 超差不得分 | | |
| 13 | | 表面粗糙度 Ra3.2 | 2 | 升高一级不得分 | | |
| 14 | 铰孔 | $\phi10^{+0.02}_{0}$ | 4 | 超差不得分 | | |
| 15 | | 70±0.2 | 4 | 超差不得分 | | |
| 16 | | 10±0.1 | 4 | 超差不得分 | | |
| 17 | | ⌯ 0.5 A | 4 | 超差不得分 | | |
| 18 | | ⊥ 0.06 B | 2 | 超差不得分 | | |
| 19 | | 表面粗糙度 Ra1.6 | 4 | 升高一级不得分 | | |
| 20 | 安全文明生产 | 正确执行国家有关安全技术操作规程及文明生产规定 | 4 | 违规扣 4 分 | | |
| 21 | 设备使用 | 各种相关及辅助设备的使用符合有关规定 | 3 | 违规扣 3 分 | | |
| 22 | 工、量具使用 | 各种工具、量具的使用符合有关规定 | 3 | 违规扣 3 分 | | |
| | 合计 | | 100 | | | |
| 否定项：造成设备严重损坏及人员重伤以上事故，考核全程否定，即按 0 分处理 | | | | | | |

评分人：　　　　　　　　　年　月　日　　核分人：　　　　　　　　　　　年　月　日

试题 3. 角度凹形块

（一）准备要求

1. 鉴定机构准备

（1）材料准备。

| 序号 | 材料名称 | 规格 | 数量 | 备注 |
|---|---|---|---|---|
| 1 | Q235－A | 70×50×14 | 1 | |

备料图：

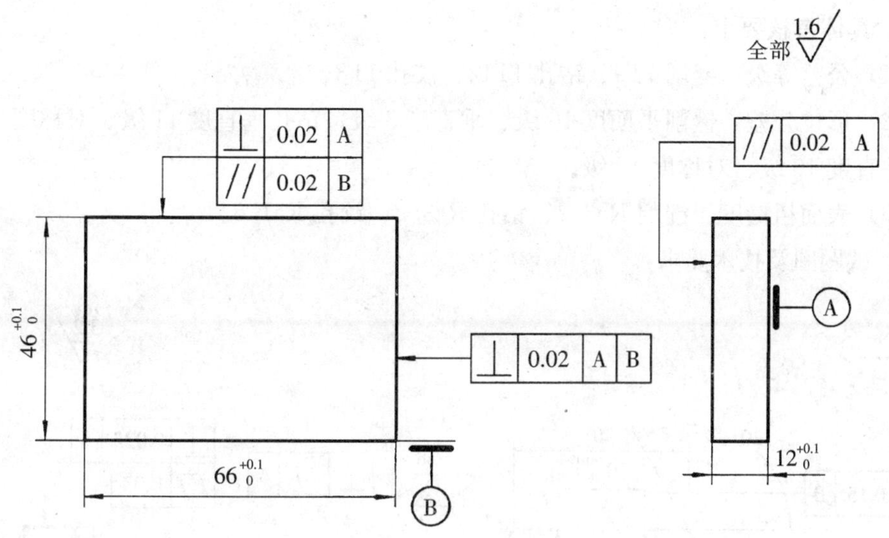


（2）设备准备。

| 序号 | 名　称 | 规　　格 | 序号 | 名　称 | 规　　格 |
|---|---|---|---|---|---|
| 1 | 划线平台 | 2000×1500 | 4 | 钳台 | 3000×2000 |
| 2 | 方箱 | 205×205×205 | 5 | 台虎钳 | 125mm |
| 3 | 台式钻床 | Z4112 | 6 | 砂轮机 | S3SL－250 |

备注：划线平台、钻床、砂轮机、钳台及附件配套齐全，布局合理。

2. 考生准备

（1）工、量、刃具准备。

| 名　称 | 规　格 | 精度 | 数量 | 名　称 | 规　格 | 精度 | 数量 |
|---|---|---|---|---|---|---|---|
| 游标高度尺 | 0～300mm | 0.02 | 1 | 平锉 | 250mm（1号纹） | | 1 |
| 游标卡尺 | 0～150mm | 0.02 | 1 | | 250mm（3号纹） | | 1 |
| 万能角度尺 | 0°～320° | ±2′ | 1 | | 250mm（4号纹） | | 1 |
| 钢直尺 | 0～150mm | | 1 | 钻头 | ϕ3 | | 1 |
| 刀口尺 | 125mm | 1级 | 1 | | ϕ8 | | 1 |
| 直角尺 | 100×63mm | 1级 | 1 | | ϕ9.7或ϕ9.8 | | 1 |
| 千分尺 | 0～25mm | | 1 | 钳工常用工具 | 手锤、手锯、划针、划规、样冲、软钳口、锉铰杠、刀刷等 | | |
| 铰刀 | ϕ10 | H7 | 1 | | | | |
| 塞规 | ϕ10 | H7 | 1 | | | | |

（2）其他小型工具由个人根据加工需求补充准备。

（二）考核要求

1. 本题分值：100 分。

2. 考核时间：240 分钟。

3. 具体考核要求：

（1）公差等级：锉削 IT9、钻孔 IT12、铰孔 IT8。

（2）形位公差：锉削平面度 10 级、垂直度 8 级，钻孔垂直度 11 级、对称度 12 级，铰孔垂直度 10 级、对称度 12 级。

（3）表面粗糙度：锉削 Ra3.2、钻孔 Ra3.2、铰孔 Ra1.6。

4. 试题图及技术要求：

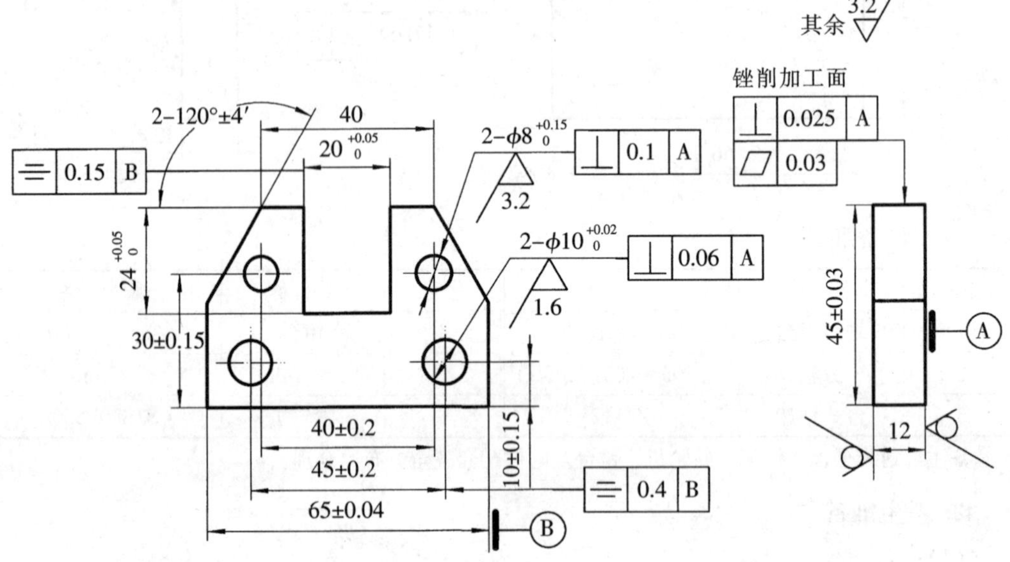


（三）角度凹形块操作技能评分表

| 序号 | 考核项目 | 考核要点 | 配分 | 评分标准 | 扣分 | 得分 |
|---|---|---|---|---|---|---|
| 1 | 锉削 | 65±0.04 | 6 | 超差不得分 | | |
| 2 | | 45±0.03 | 6 | 超差不得分 | | |
| 3 | | $24^{+0.05}_{0}$ | 6 | 超差不得分 | | |
| 4 | | $20^{+0.05}_{0}$ | 6 | 超差不得分 | | |
| 5 | | 120°±4′ | 8 | 超差不得分 | | |
| 6 | | ⊥ 0.025 A | 8 | 超差不得分 | | |
| 7 | | ⌯ 0.15 B | 4 | 超差不得分 | | |
| 8 | | 表面粗糙度 Ra3.2 | 6 | 升高一级不得分 | | |

续表

| 序号 | 考核项目 | 考核要点 | 配分 | 评分标准 | 扣分 | 得分 |
|---|---|---|---|---|---|---|
| 9 | 钻孔 | $\phi8^{+0.15}_{0}$ | 4 | 超差不得分 | | |
| 10 | | 40±0.2 | 4 | 超差不得分 | | |
| 11 | | 30±0.15 | 4 | 超差不得分 | | |
| 12 | | ⊥ 0.1 A | 4 | 超差不得分 | | |
| 13 | | 表面粗糙度 Ra3.2 | 2 | 升高一级不得分 | | |
| 14 | 铰孔 | $\phi10^{+0.02}_{0}$ | 4 | 超差不得分 | | |
| 15 | | 45±0.2 | 4 | 超差不得分 | | |
| 16 | | 10±0.15 | 4 | 超差不得分 | | |
| 17 | | ≡ 0.4 B | 4 | 超差不得分 | | |
| 18 | | ⊥ 0.06 A | 4 | 超差不得分 | | |
| 19 | | 表面粗糙度 Ra1.6 | 2 | 升高一级不得分 | | |
| 20 | 安全文明生产 | 正确执行国家有关安全技术操作规程及文明生产规定 | 4 | 违规扣4分 | | |
| 21 | 设备使用 | 各种相关及辅助设备的使用符合有关规定 | 3 | 违规扣3分 | | |
| 22 | 工、量具使用 | 各种工具、量具的使用符合有关规定 | 3 | 违规扣3分 | | |
| 合计 | | | 100 | | | |
| 否定项：造成设备严重损坏及人员重伤以上事故，考核全程否定，即按0分处理 | | | | | | |

评分人： 年 月 日 核分人： 年 月 日

## 四、A—A—004 锉削、钻孔、攻螺纹

本试题下共有3道考核试题，这些试题统一的考核要求和配分与评分标准如下：

**1. 考核要求**

| 公差等级 项目 / 考核内容 | 尺寸精度 | 表面粗糙度 | 形状与位置精度 | | | |
|---|---|---|---|---|---|---|
| | | | 平面度 | 垂直度 | 平行度 | 对称度 |
| 锉削 | IT9<br>4处以上 | Ra3.2<br>4处以上 | 10级<br>4处以上 | 8级<br>2处以上 | 8级<br>4处以上 | 11级 |
| 攻螺纹 | 7H | Ra12.5 | | 10级<br>螺纹全长 | | 12级<br>4处以上 |
| 钻孔 | IT12 | Ra3.2 | | 11级 | | 12级 |

**2. 配分与评分标准**

| 序号 | 考核内容 | 考核要点 | 配分 | 评分标准 |
|---|---|---|---|---|
| 1 | 锉削 | 公差等级 IT9 | 70 | 超差不得分 |
| 2 | | 形位公差：平面度 10 级、垂直度 8 级、对称度 11 级 | | 超差不得分 |
| 3 | | 表面粗糙度 Ra3.2 | | 升高一级不得分 |
| 4 | 攻螺纹 | 公差等级 7H | 10 | 超差不得分 |
| 5 | | 形位公差：垂直度 10 级、对称度 12 级 | | 超差不得分 |
| 6 | | 表面粗糙度 Ra12.5 | | 升高一级不得分 |
| 7 | 钻孔 | 公差等级 IT12 | 10 | 超差不得分 |
| 8 | | 形位公差：垂直度 11 级、对称度 12 级 | | 超差不得分 |
| 9 | | 表面粗糙度 Ra3.2 | | 升高一级不得分 |
| 10 | 安全文明生产 | 正确执行国家有关安全技术操作规程及文明生产规定 | 10 | 违规扣 4 分 |
| 11 | 设备使用 | 各种相关及辅助设备的使用符合有关规定 | | 违规扣 3 分 |
| 12 | 工、量具使用 | 各种工具、量具的使用符合有关规定 | | 违规扣 3 分 |
| 合计 | | | 100 | |
| 否定项：造成设备严重损坏及人员重伤以上事故，考核全程否定，即按 0 分处理 | | | | |

试题 1. 直角垫铁

（一）准备要求

1. 鉴定机构准备

（1）材料准备。

| 序号 | 材料名称 | 规格 | 数量 | 备注 |
|---|---|---|---|---|
| 1 | Q235 - A | 65×65×14 | 1 | |

备料图：

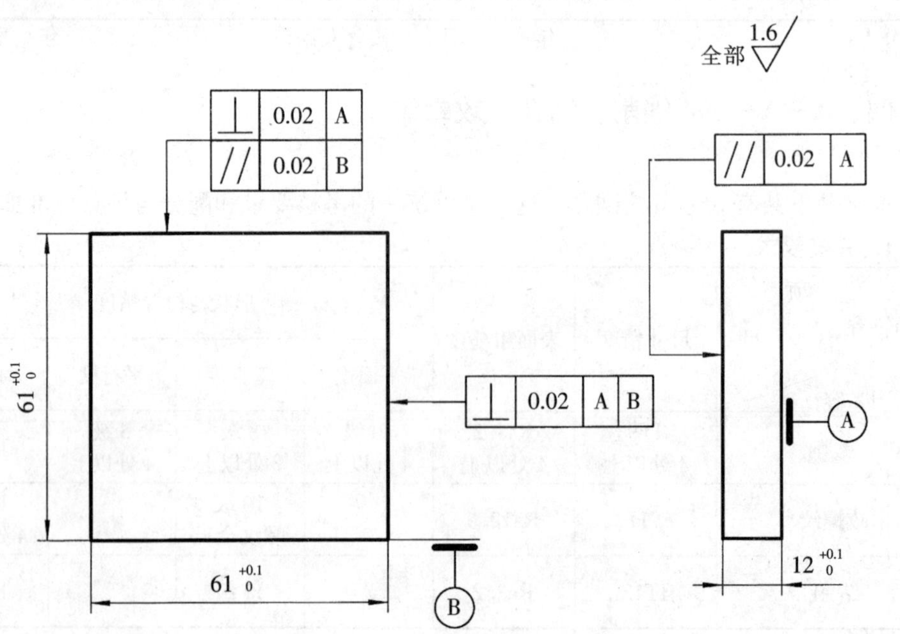

(2) 设备准备。

| 序号 | 名 称 | 规 格 | 序号 | 名 称 | 规 格 |
|---|---|---|---|---|---|
| 1 | 划线平台 | 2000×1500 | 4 | 钳台 | 3000×2000 |
| 2 | 方箱 | 205×205×205 | 5 | 台虎钳 | 125 |
| 3 | 台式钻床 | Z4112 | 6 | 砂轮机 | S3SL－250 |

备注：划线平台、钻床、砂轮机、钳台及附件配套齐全，布局合理。

2. 考生准备

(1) 工、量、刃具准备。

| 名 称 | 规 格 | 精度 | 数量 | 名 称 | 规 格 | 精度 | 数量 |
|---|---|---|---|---|---|---|---|
| 游标高度尺 | 0～300mm | 0.02 | 1 | 平锉 | 250mm（1号纹） | | 1 |
| 游标卡尺 | 0～150mm | 0.02 | 1 | | 250mm（3号纹） | | 1 |
| 万能角度尺 | 0°～320° | ±2′ | 1 | | 250mm（4号纹） | | 1 |
| 钢直尺 | 0～150mm | | 1 | 钻头 | ϕ3 | | 1 |
| 刀口尺 | 125mm | 1级 | 1 | | ϕ10 | | 1 |
| 直角尺 | 100×63mm | 1级 | 1 | | ϕ6.7 | | 1 |
| 丝锥 | M8 | 7H | 1组 | 钳工常用工具 | 手锤、手锯、划针、划规、样冲、软钳口、铰杠、锉刀刷 | | |
| 千分尺 | 0～25mm | 0.01 | 1 | | | | |
| | 25～50mm | 0.01 | 1 | | | | |

(2) 其他小型工具由个人根据加工需求补充准备。

(二) 考核要求

1. 本题分值：100分。

2. 考核时间：240分钟。

3. 具体考核要求：

(1) 公差等级：锉削IT9、钻孔IT12、攻螺纹7H。

(2) 形位公差：锉削平面度10级、垂直度8级，钻孔垂直度11级、对称度12级。

(3) 表面粗糙度：锉削Ra3.2、钻孔Ra3.2、攻螺纹Ra12.5。

4. 试题图及技术要求：

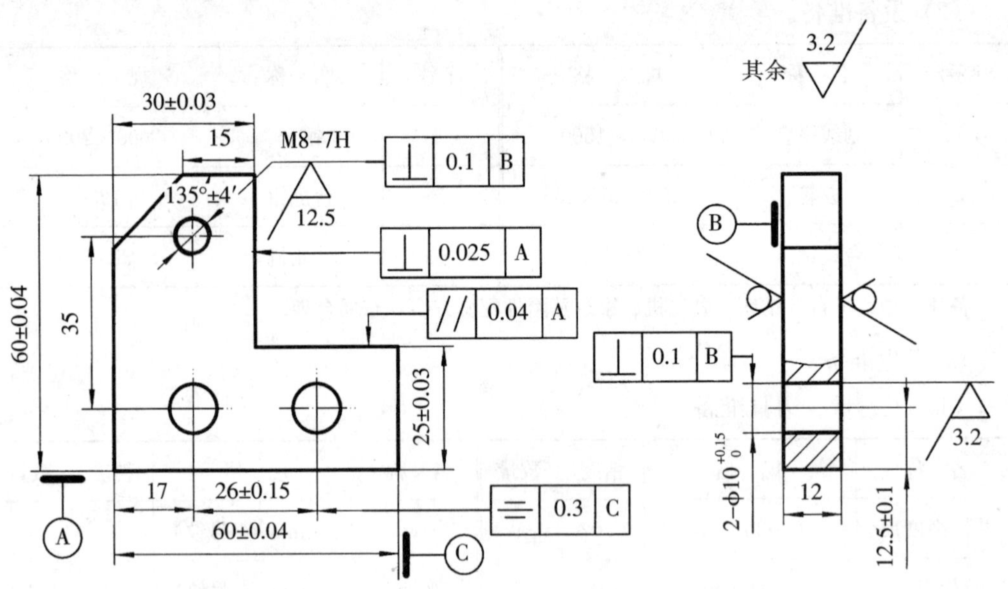


技术要求：

各锉削面要求：平面度 0.03；与基准 B 的垂直度 0.025。

## （三）直角垫铁操作技能评分表

| 序号 | 考核项目 | 考核要点 | 配分 | 评分标准 | 扣分 | 得分 |
|---|---|---|---|---|---|---|
| 1 | | 25±0.03 | 12 | 超差不得分 | | |
| 2 | | 30±0.03 | 8 | 超差不得分 | | |
| 3 | | 60±0.04 | 8 | 超差不得分 | | |
| 4 | 锉 削 | 135°±4′ | 8 | 超差不得分 | | |
| 5 | | ⊥ 0.025 B | 8 | 超差不得分 | | |
| 6 | | // 0.04 A | 4 | 超差不得分 | | |
| 7 | | 表面粗糙度 Ra3.2 | 6 | 升高一级不得分 | | |
| 8 | | $\phi10^{+0.15}_{0}$ | 4 | 超差不得分 | | |
| 9 | | 12.5±0.1 | 4 | 超差不得分 | | |
| 10 | 钻 孔 | 26±0.15 | 4 | 超差不得分 | | |
| 11 | | ⊥ 0.1 B | 4 | 超差不得分 | | |
| 12 | | ⌯ 0.03 C | 4 | 超差不得分 | | |
| 13 | | 表面粗糙度 Ra3.2 | 4 | 升高一级不得分 | | |
| 14 | | M8-7H | 6 | 超差不得分 | | |
| 15 | 攻螺纹 | ⊥ 0.1 B | 4 | 超差不得分 | | |
| 16 | | 表面粗糙度 Ra12.5 | 2 | 升高一级不得分 | | |

续表

| 序号 | 考核项目 | 考核要点 | 配分 | 评分标准 | 扣分 | 得分 |
|---|---|---|---|---|---|---|
| 17 | 安全文明生产 | 正确执行国家有关安全技术操作规程及文明生产规定 | 4 | 违规扣4分 | | |
| 18 | 设备使用 | 各种相关及辅助设备的使用符合有关规定 | 3 | 违规扣3分 | | |
| 19 | 工、量具使用 | 各种工具、量具的使用符合有关规定 | 3 | 违规扣3分 | | |
| 合计 | | | 100 | | | |
| 否定项：造成设备严重损坏及人员重伤以上事故，考核全程否定，即按0分处理 | | | | | | |

评分人：　　　　　　　　年　月　日　　核分人：　　　　　　　　年　月　日

试题2. V形铁

（一）准备要求

1. 鉴定机构准备

（1）材料准备。

| 序号 | 材料名称 | 规格 | 数量 | 备注 |
|---|---|---|---|---|
| 1 | Q235-A | 125×85×32 | 1 | |

备料图：

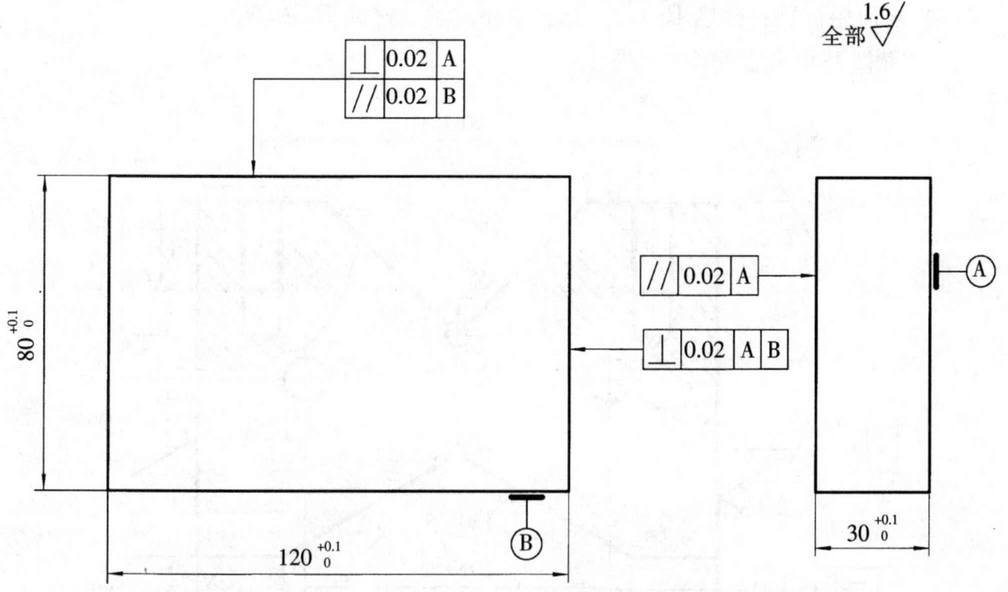


（2）设备准备。

| 序号 | 名　称 | 规　格 | 序号 | 名　称 | 规　格 |
|---|---|---|---|---|---|
| 1 | 划线平台 | 2000×1500 | 4 | 钳台 | 3000×2000 |
| 2 | 方箱 | 205×205×205 | 5 | 台虎钳 | 125 |
| 3 | 台式钻床 | Z4112 | 6 | 砂轮机 | S3SL-250 |

备注：划线平台、钻床、砂轮机、钳台及附件配套齐全，布局合理。

2. 考生准备

（1）工、量、刃具准备。

| 名　称 | 规　格 | 精度 | 数量 | 名　称 | 规　格 | 精度 | 数量 |
|---|---|---|---|---|---|---|---|
| 游标高度尺 | 0～300mm | 0.02 | 1 | 平锉 | 250mm（1号纹） |  | 1 |
| 游标卡尺 | 0～150mm | 0.02 | 1 |  | 250mm（3号纹） |  | 1 |
| 万能角度尺 | 0°～320° | ±2′ | 1 |  | 250mm（4号纹） |  | 1 |
| 钢直尺 | 0～150mm |  | 1 | 钻头 | ϕ5 |  | 1 |
| 刀口尺 | 125mm | 1级 | 1 |  | ϕ8.5 |  | 1 |
| 直角尺 | 100×63mm | 1级 | 1 |  | ϕ9.8 |  | 1 |
| 丝锥 | M8 | 7H | 1组 | 钳工常用工具 | 手锤、手锯、划针、划规、样冲、软钳口、铰杠、锉刀刷等 |  |  |

（2）其他小型工具由个人根据加工需求补充准备。

（二）考核要求

1. 本题分值：100分。

2. 考核时间：240分钟。

3. 具体考核要求：

（1）公差等级：锉削IT9、钻孔IT12、攻螺纹7H。

（2）形位公差：锉削平面度10级、垂直度8级，钻孔垂直度11级、对称度12级。

（3）表面粗糙度：锉削Ra3.2、钻孔Ra3.2、攻螺纹Ra12.5。

4. 试题图及技术要求：

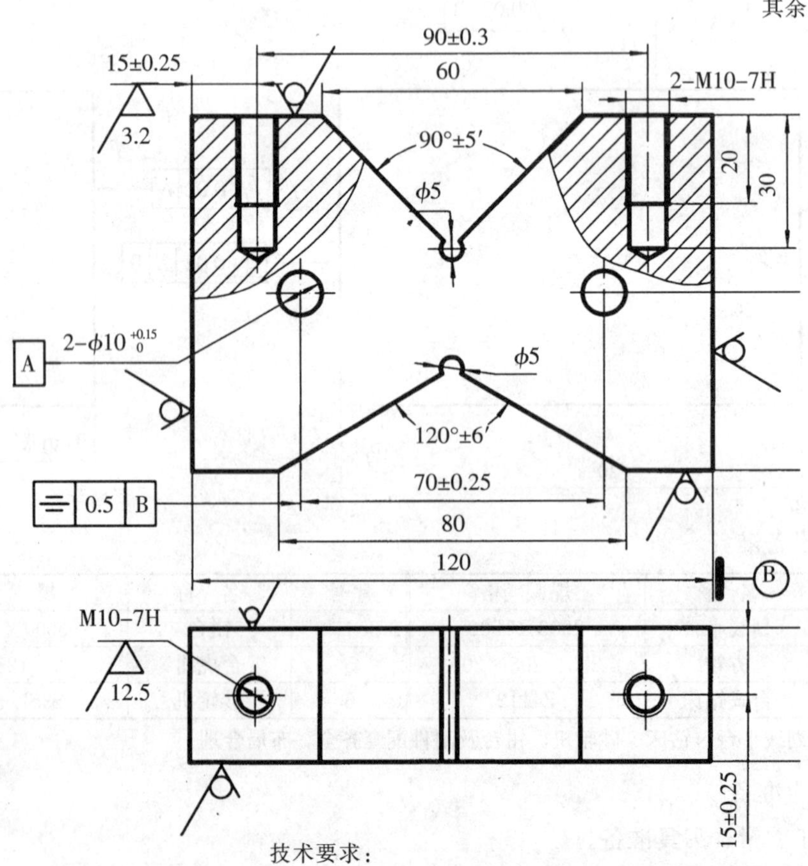


技术要求：

各锉削面要求：平面度0.03；与基准A的垂直度0.03。

（三）V形铁操作技能评分表

| 序号 | 考核项目 | 考 核 要 点 | 配分 | 评分标准 | 扣分 | 得分 |
|---|---|---|---|---|---|---|
| 1 | 锉 削 | 90°±5′ | 15 | 超差不得分 | | |
| 2 | | 120°±6′ | 15 | 超差不得分 | | |
| 3 | | ⊥ 0.03 A | 10 | 超差不得分 | | |
| 4 | | 表面粗糙度 Ra3.2 | 4 | 升高一级不得分 | | |
| 5 | 钻 孔 | $\phi10^{+0.15}_{0}$ | 4 | 超差不得分 | | |
| 6 | | 40±0.15 | 8 | 超差不得分 | | |
| 7 | | 70±0.25 | 6 | 超差不得分 | | |
| 8 | | ⊥ 0.15 A | 4 | 超差不得分 | | |
| 9 | | ⌯ 0.5 B | 4 | 超差不得分 | | |
| 10 | | 表面粗糙度 Ra3.2 | 4 | 升高一级不得分 | | |
| 11 | 攻螺纹 | M10－7H | 4 | 超差不得分 | | |
| 12 | | 90±0.3 | 6 | 超差不得分 | | |
| 13 | | 15±0.25 | 4 | 超差不得分 | | |
| 14 | | 表面粗糙度 Ra12.5 | 2 | 升高一级不得分 | | |
| 15 | 安全文明生产 | 正确执行国家有关安全技术操作规程及文明生产规定 | 4 | 违规扣 4 分 | | |
| 16 | 设备使用 | 各种相关及辅助设备的使用符合有关规定 | 3 | 违规扣 3 分 | | |
| 17 | 工、量具使用 | 各种工具、量具的使用符合有关规定 | 3 | 违规扣 3 分 | | |
| 合计 | | | 100 | | | |
| 否定项：造成设备严重损坏及人员重伤以上事故，考核全程否定，即按 0 分处理 | | | | | | |

评分人：　　　　　　　　年　月　日　　核分人：　　　　　　　　年　月　日

试题 3. 圆弧台阶组合

（一）准备要求

1. 鉴定机构准备

（1）材料准备。

| 序号 | 材料名称 | 规　格 | 数量 | 备注 |
|---|---|---|---|---|
| 1 | Q235－A | 85×85×12 | 1 | |

备料图：

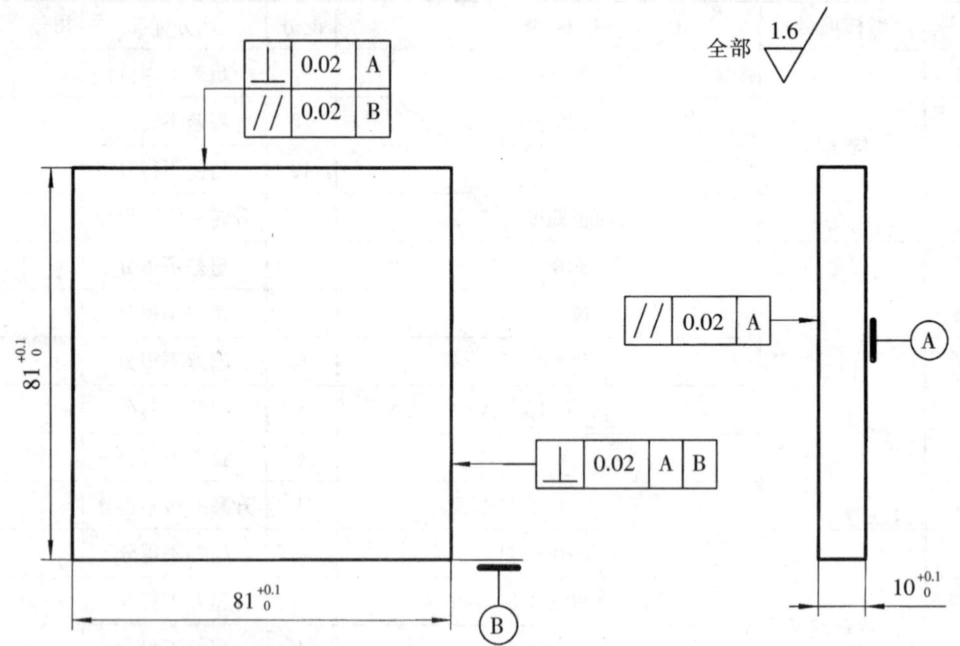


（2）设备准备。

| 序号 | 名　称 | 规　　格 | 序号 | 名　称 | 规　　格 |
| --- | --- | --- | --- | --- | --- |
| 1 | 划线平台 | 2000×1500 | 4 | 钳台 | 3000×2000 |
| 2 | 方箱 | 205×205×205 | 5 | 台虎钳 | 125 |
| 3 | 台式钻床 | Z4112 | 6 | 砂轮机 | S3SL－250 |

备注：划线平台、钻床、砂轮机、钳台及附件配套齐全，布局合理。

2. 考生准备

（1）工、量、刃具准备。

| 名　称 | 规　格 | 精度 | 数量 | 名　称 | 规　格 | 精度 | 数量 |
| --- | --- | --- | --- | --- | --- | --- | --- |
| 游标高度尺 | 0～300mm | 0.02 | 1 | 平锉 | 250mm（1 号纹） | | 1 |
| 游标卡尺 | 0～150mm | 0.02 | 1 | | 250mm（3 号纹） | | 1 |
| 万能角度尺 | 0°～320° | ±2′ | 1 | | 250mm（4 号纹） | | 1 |
| 钢直尺 | 0～150mm | | 1 | 钻头 | ϕ3 | | 1 |
| 刀口尺 | 125mm | 1 级 | 1 | | ϕ8.5 | | 1 |
| 直角尺 | 100×63mm | 1 级 | 1 | | ϕ10 | | 1 |
| 丝锥 | M10 | 7H | 1 组 | 钳工常用工具 | 手锤、手锯、划针、划规、样冲、软钳口、铰杠、锉刀刷等 | | |
| 圆锉 | 200（1 号纹） | | 1 | | | | |
| | 200（3 号纹） | | 1 | | | | |

（2）其他小型工具由个人根据加工需求补充准备。

（二）考核要求

1. 本题分值：100 分。

2. 考核时间：240 分钟。

3. 具体考核要求：

(1) 公差等级：锉削 IT9、钻孔 IT12、攻螺纹 7H。

(2) 形位公差：锉削平面度 10 级、垂直度 8 级，钻孔垂直度 11 级、对称度 12 级。

(3) 表面粗糙度：锉削 Ra3.2、钻孔 Ra3.2、攻螺纹 Ra12.5。

4. 试题图及技术要求：

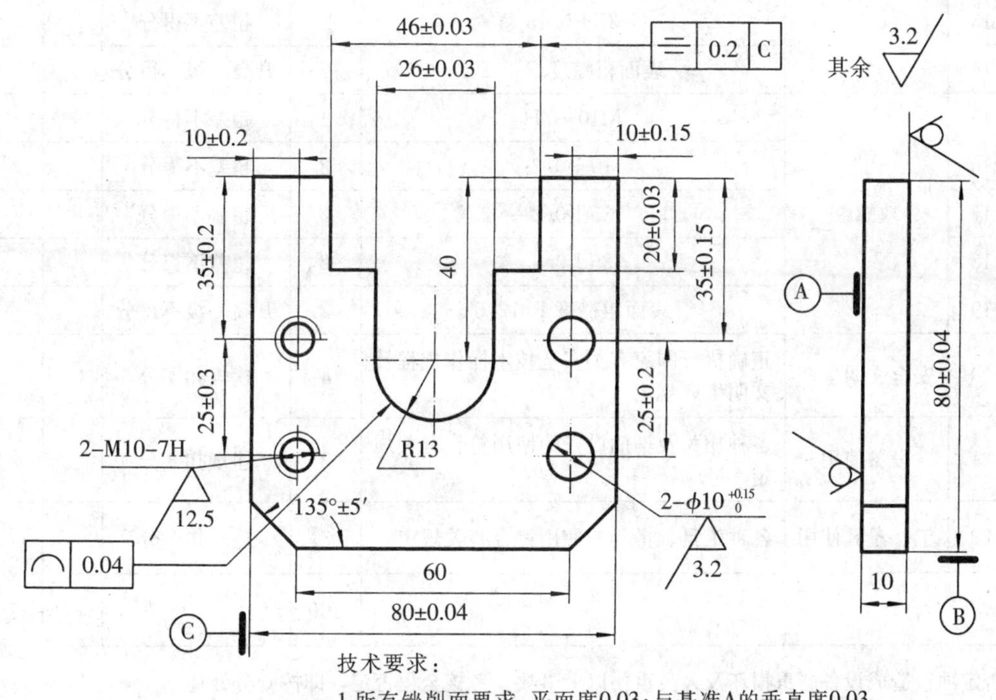


(三) 圆弧台阶组合操作技能评分表

| 序号 | 考核项目 | 考 核 要 点 | 配分 | 评分标准 | 扣分 | 得分 |
|---|---|---|---|---|---|---|
| 1 | 锉 削 | 80±0.04 | 8 | 超差不得分 | | |
| 2 | | 135°±5′ | 8 | 超差不得分 | | |
| 3 | | 26±0.03 | 6 | 超差不得分 | | |
| 4 | | 46±0.03 | 6 | 超差不得分 | | |
| 5 | | 20±0.03 | 8 | 超差不得分 | | |
| 6 | | ⊥ 0.03 A | 14 | 超差不得分 | | |
| 7 | | ≡ 0.2 C | 2 | 超差不得分 | | |
| 8 | | ⌒ 0.04 | 7 | 超差不得分 | | |
| 9 | | 表面粗糙度 Ra3.2 | 7 | 升高一级不得分 | | |

续表

| 序号 | 考核项目 | 考 核 要 点 | 配分 | 评分标准 | 扣分 | 得分 |
|---|---|---|---|---|---|---|
| 10 | 钻孔 | $\phi10^{+0.15}_{0}$ | 4 | 超差不得分 | | |
| 11 | | 25±0.2 | 2 | 超差不得分 | | |
| 12 | | 10±0.15 | 2 | 超差不得分 | | |
| 13 | | 35±0.15 | 2 | 超差不得分 | | |
| 14 | | 表面粗糙度 Ra3.2 | 2 | 升高一级不得分 | | |
| 15 | 攻螺纹 | M10－7H | 4 | 超差不得分 | | |
| 16 | | 10±0.2 | 2 | 超差不得分 | | |
| 17 | | 35±0.2 | 2 | 超差不得分 | | |
| 18 | | 25±0.3 | 2 | 超差不得分 | | |
| 19 | | 表面粗糙度 Ra12.5 | 2 | 升高一级不得分 | | |
| 20 | 安全文明生产 | 正确执行国家有关安全技术操作规程及文明生产规定 | 4 | 违规扣 4 分 | | |
| 21 | 设备使用 | 各种相关及辅助设备的使用符合有关规定 | 3 | 违规扣 3 分 | | |
| 22 | 工、量具使用 | 各种工具、量具的使用符合有关规定 | 3 | 违规扣 3 分 | | |
| 合计 | | | 100 | | | |
| 否定项：造成设备严重损坏及人员重伤以上事故，考核全程否定，即按 0 分处理 | | | | | | |

评分人：　　　　　　　　年　月　日　　核分人：　　　　　　　　年　月　日

## 五、A—A—005 锉削、钻孔、刮削

本试题下共有 3 道考核试题，这些试题统一的考核要求和配分与评分标准如下：

**1. 考核要求**

| 项目 / 公差等级 / 考核内容 | 尺寸精度 | 表面粗糙度 | 形状与位置精度 | | | | 接触精度 |
|---|---|---|---|---|---|---|---|
| | | | 平面度 | 垂直度 | 平行度 | 对称度 | |
| 锉削 | IT9<br>4 处以上 | Ra3.2<br>4 处以上 | 8 级<br>2 处以上 | 8 级<br>3 处以上 | | | |
| 刮削 | IT5 | Ra1.6 | 7 级<br>1 处以上 | 7 级<br>2 处以上 | | | 12 点/25×25mm² |
| 钻孔 | IT12 | Ra3.2 | 11 级 | | 12 级 | | |

**2. 配分与评分标准**

| 序号 | 考核内容 | 考核要点 | 配分 | 评分标准 |
|---|---|---|---|---|
| 1 | 锉削 | 公差等级 IT9 | 70 | 超差不得分 |
| 2 | | 形位公差：垂直度 8 级、平行度 8 级 | | 超差不得分 |
| 3 | | 表面粗糙度 Ra3.2 | | 升高一级不得分 |
| 4 | 刮削 | 公差等级 IT5 | 10 | 超差不得分 |
| 5 | | 形位公差：垂直度 7 级、平行度 7 级 | | 超差不得分 |
| 6 | | 精度点数 12 点/25×25 | | 超差不得分 |
| 7 | 钻孔 | 公差等级 IT12 | 10 | 超差不得分 |
| 8 | | 形位公差：垂直度 11 级、对称度 12 级 | | 超差不得分 |
| 9 | | 表面粗糙度 Ra3.2 | | 升高一级不得分 |
| 10 | 安全文明生产 | 正确执行国家有关安全技术操作规程及文明生产规定 | 10 | 违规扣 4 分 |
| 11 | 设备使用 | 各种相关及辅助设备的使用符合有关规定 | | 违规扣 3 分 |
| 12 | 工、量具使用 | 各种工具、量具的使用符合有关规定 | | 违规扣 3 分 |
| 合计 | | | 100 | |
| 否定项：造成设备严重损坏及人员重伤以上事故，考核全程否定，即按 0 分处理 | | | | |

试题 1. 限位块

（一）准备要求

1. 鉴定机构准备

（1）材料准备。

| 序号 | 材料名称 | 规　格 | 数量 | 备注 |
|---|---|---|---|---|
| 1 | HT200 | ϕ65×32 | 1 | |
| 2 | 红丹粉 | | | |

备料图：

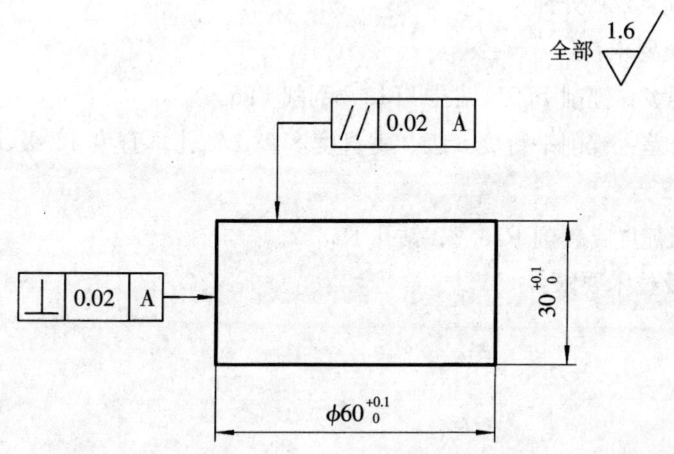

（2）设备准备。

| 序号 | 名 称 | 规 格 | 序号 | 名 称 | 规 格 |
|---|---|---|---|---|---|
| 1 | 划线平台 | 2000×1500 | 5 | 钳台 | 3000×2000 |
| 2 | 方箱 | 205×205×205 | 6 | 台虎钳 | 125mm |
| 3 | 台式钻床 | Z4112 | 7 | 砂轮机 | S3SL－250 |
| 4 | 标准平板 | | | | |

备注：划线平台、钻床、砂轮机、钳台及附件配套齐全，布局合理。

2. 考生准备

（1）工、量、刃具准备。

| 名 称 | 规 格 | 精度 | 数量 | 名 称 | 规 格 | 精度 | 数量 |
|---|---|---|---|---|---|---|---|
| 游标高度尺 | 0～300mm | 0.02 | 1 | 平锉 | 250mm（1 号纹） | | 1 |
| 游标卡尺 | 0～150mm | 0.02 | 1 | | 250mm（3 号纹） | | 1 |
| 万能角度尺 | 0°～320° | ±2′ | 1 | | 250mm（4 号纹） | | 1 |
| 钢直尺 | 0～150mm | | 1 | 钻头 | ϕ10 | | 1 |
| 刀口尺 | 125mm | 1 级 | 1 | 刮刀 | 平面刮刀 | | 自备 |
| 直角尺 | 100×63mm | 1 级 | 1 | 钳工常用工具 | 手锤、手锯、划针、划规、样冲、软钳口、油石、锉刀刷等 | | |
| 千分尺 | 0～25mm | 0.01 | 1 | | | | |

（2）其他小型工具由个人根据加工需求补充准备。

（二）考核要求

1. 本题分值：100 分。

2. 考核时间：240 分钟。

3. 具体考核要求：

（1）公差等级：锉削 IT9、钻孔 IT12、刮削 IT5。

（2）形位公差：锉削平行度 8 级、垂直度 8 级，钻孔垂直度 11 级、对称度 12 级，刮削精度点数 12 点/$25\times25^{2}$。

（3）表面粗糙度：锉削 Ra3.2、钻孔 Ra3.2。

4. 试题图及技术要求：

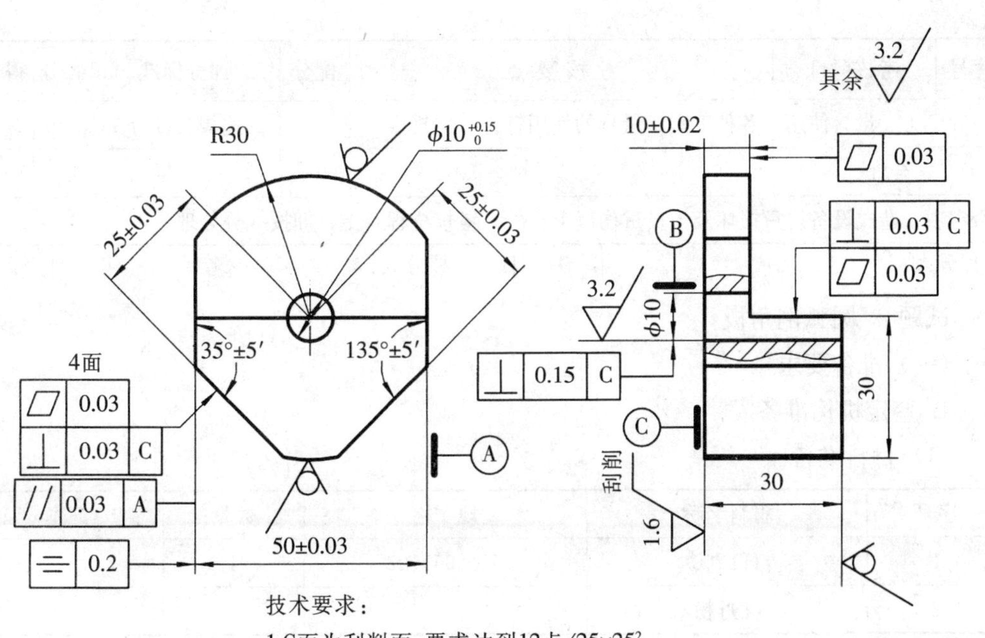


技术要求：

1.C面为刮削面，要求达到12点/25×25²。

2.不允许使用模板等二类工具。

（三）限位块操作技能评分表

| 序号 | 考核项目 | 考 核 要 点 | 配分 | 评分标准 | 扣分 | 得分 |
|---|---|---|---|---|---|---|
| 1 | 锉 削 | 25±0.03 | 10 | 超差不得分 | | |
| 2 | | 50±0.03 | 8 | 超差不得分 | | |
| 3 | | 135°±5′ | 12 | 超差不得分 | | |
| 4 | | 10±0.02 | 8 | 超差不得分 | | |
| 5 | | ⊥ 0.03 C | 10 | 超差不得分 | | |
| 6 | | // 0.03 A | 4 | 超差不得分 | | |
| 7 | | ⌯ 0.2 | 4 | 超差不得分 | | |
| 8 | | 表面粗糙度 Ra3.2 | 6 | 升高一级不得分 | | |
| 9 | 刮 削 | 12 点/25×25mm² | 18 | 低于 12 点不得分，有刮削缺陷者扣 1—6 分 | | |
| 10 | 钻 孔 | $\phi10^{+0.15}_{0}$ | 6 | 超差不得分 | | |
| 11 | | ⊥ 0.15 C | 2 | 超差不得分 | | |
| 12 | | 表面粗糙度 Ra3.2 | 2 | 升高一级不得分 | | |
| 13 | 安全文明生产 | 正确执行国家有关安全技术操作规程及文明生产规定 | 4 | 违规扣 4 分 | | |
| 14 | 设备使用 | 各种相关及辅助设备的使用符合有关规定 | 3 | 违规扣 3 分 | | |

续表

| 序号 | 考核项目 | 考核要点 | 配分 | 评分标准 | 扣分 | 得分 |
|---|---|---|---|---|---|---|
| 15 | 工、量具使用 | 各种工具、量具的使用符合有关规定 | 3 | 违规扣 3 分 | | |
| 合计 | | | 100 | | | |
| 否定项：造成设备严重损坏及人员重伤以上事故，考核全程否定，即按 0 分处理 | | | | | | |

评分人：　　　　　　　　　年　月　日　　核分人：　　　　　　　　　年　月　日

试题 2. 圆弧倒角板

（一）准备要求

1. 鉴定机构准备

（1）材料准备。

| 序号 | 材料名称 | 规　格 | 数量 | 备注 |
|---|---|---|---|---|
| 1 | HT200 | 65×65×22 | 1 | |
| 2 | 红丹粉 | | | |

备料图：

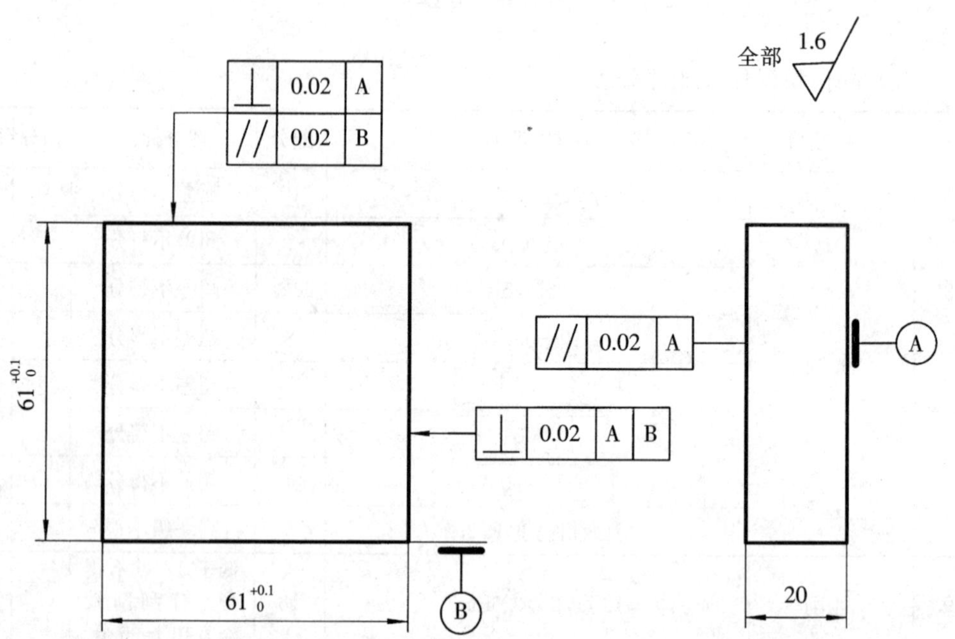


（2）设备准备。

| 序号 | 名　称 | 规　格 | 序号 | 名　称 | 规　格 |
|---|---|---|---|---|---|
| 1 | 划线平台 | 2000×1500 | 5 | 钳台 | 3000×2000 |
| 2 | 方箱 | 205×205×205 | 6 | 台虎钳 | 125 |
| 3 | 台式钻床 | Z4112 | 7 | 砂轮机 | S3SL－250 |
| 4 | 标准平板 | | | | |

备注：划线平台、钻床、砂轮机、钳台及附件配套齐全，布局合理。

2. 考生准备

（1）工、量、刃具准备。

| 名　称 | 规　格 | 精度 | 数量 | 名　称 | 规　格 | 精度 | 数量 |
|---|---|---|---|---|---|---|---|
| 游标高度尺 | 0～300mm | 0.02 | 1 | 平锉 | 250mm（1 号纹） | | 1 |
| 游标卡尺 | 0～150mm | 0.02 | 1 | | 250mm（3 号纹） | | 1 |
| 万能角度尺 | 0°～320° | ±2′ | 1 | | 250mm（4 号纹） | | 1 |
| 钢直尺 | 0～150mm | | 1 | 钻头 | ϕ10 | | 1 |
| 刀口尺 | 125mm | 1 级 | 1 | 钳工常用工具 | 手锤、手锯、划针、划规、样冲、软钳口、油石、锉刀刷等 | | |
| 直角尺 | 100×63mm | 1 级 | 1 | | | | |
| 刮刀 | | | 自备 | | | | |

（2）其他小型工具由个人根据加工需求补充准备。

（二）考核要求

1. 本题分值：100 分。

2. 考核时间：240 分钟。

3. 具体考核要求：

（1）公差等级：锉削 IT9、钻孔 IT12、刮削 IT5。

（2）形位公差：锉削平行度 8 级、垂直度 8 级，钻孔垂直度 11 级、对称度 12 级，刮削精度点数 12 点/25×25$^2$。

（3）表面粗糙度：锉削 Ra3.2、钻孔 Ra3.2。

4. 试题图及技术要求：

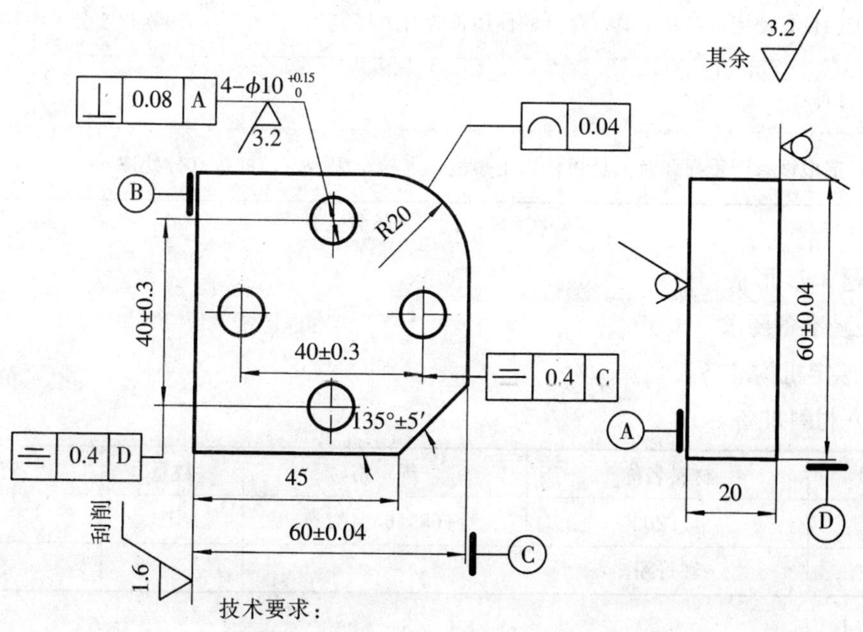


技术要求：

1.B面刮削要求达到12点/25×25$^2$。

2.锉削要求：平面度0.03；与基准A的垂直度0.03。

（三）圆弧倒角板操作技能评分表

| 序号 | 考核项目 | 考 核 要 点 | 配分 | 评分标准 | 扣分 | 得分 |
|---|---|---|---|---|---|---|
| 1 | 锉 削 | 60±0.04 | 16 | 超差不得分 | | |
| 2 | | 135°±5′ | 10 | 超差不得分 | | |
| 3 | | ⊥ 0.03 A | 6 | 超差不得分 | | |
| 4 | | ⌒ 0.04 | 8 | 超差不得分 | | |
| 5 | | 表面粗糙度 Ra3.2 | 6 | 升高一级不得分 | | |
| 6 | 刮 削 | 12 点/25×25mm² | 16 | 低于 12 点不得分，有刮削缺陷者扣 1—6 分 | | |
| 7 | 钻 孔 | $\phi10^{+0.15}_{0}$ | 4 | 超差不得分 | | |
| 8 | | ⊥ 0.08 A | 4 | 超差不得分 | | |
| 9 | | ⌯ 0.4 D | 4 | 超差不得分 | | |
| 10 | | ⌯ 0.4 C | 4 | 超差不得分 | | |
| 11 | | 40±0.03 | 8 | 超差不得分 | | |
| 12 | | 表面粗糙度 Ra3.2 | 4 | 升高一级不得分 | | |
| 13 | 安全文明生产 | 正确执行国家有关安全技术操作规程及文明生产规定 | 4 | 违规扣 4 分 | | |
| 14 | 设备使用 | 各种相关及辅助设备的使用符合有关规定 | 3 | 违规扣 3 分 | | |
| 15 | 工、量具使用 | 各种工具、量具的使用符合有关规定 | 3 | 违规扣 3 分 | | |
| 合计 | | | 100 | | | |
| 否定项：造成设备严重损坏及人员重伤以上事故，考核全程否定，即按 0 分处理 | | | | | | |

评分人：　　　　　　　　　　年　月　日　　核分人：　　　　　　　　　　年　月　日

试题 3. U 形板

（一）准备要求

1. 鉴定机构准备

（1）材料准备。

| 序号 | 材料名称 | 规　格 | 数量 | 备注 |
|---|---|---|---|---|
| 1 | HT200 | 65×65×22 | 1 | |
| 2 | 红丹粉 | | | |

备料图：

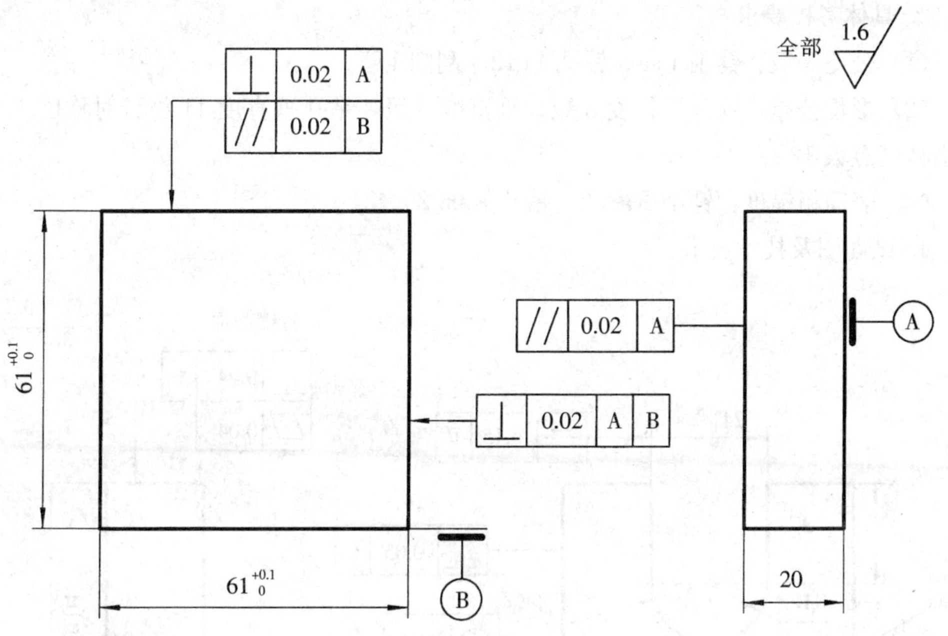


（2）设备准备。

| 序号 | 名　称 | 规　　格 | 序号 | 名　称 | 规　　格 |
|---|---|---|---|---|---|
| 1 | 划线平台 | 2000×1500 | 5 | 钳台 | 3000×2000 |
| 2 | 方箱 | 205×205×205 | 6 | 台虎钳 | 125 |
| 3 | 台式钻床 | Z4112 | 7 | 砂轮机 | S3SL－250 |
| 4 | 标准平板 | | | | |

备注：划线平台、钻床、砂轮机、钳台及附件配套齐全，布局合理。

2. 考生准备

（1）工、量、刃具准备。

| 名　称 | 规　格 | 精度 | 数量 | 名　称 | 规　格 | 精度 | 数量 |
|---|---|---|---|---|---|---|---|
| 游标高度尺 | 0～300mm | 0.02 | 1 | 平锉 | 250mm（1号纹） | | 1 |
| 游标卡尺 | 0～150mm | 0.02 | 1 | | 250mm（3号纹） | | 1 |
| 万能角度尺 | 0°～320° | ±2′ | 1 | | 250mm（4号纹） | | 1 |
| 钢直尺 | 0～150mm | | 1 | 圆锉 | 200mm（1号纹） | | 1 |
| 刀口尺 | 125mm | 1级 | 1 | | 200mm（3号纹） | | 1 |
| 直角尺 | 100×63mm | 1级 | 1 | 钳工常用工具 | 手锤、手锯、划针、划规、样冲、软钳口、油石、锉刀刷等 | | |
| 刮刀 | | | 自备 | | | | |
| 钻头 | ϕ10 | | 1 | | | | |

（2）其他小型工具由个人根据加工需求补充准备。

（二）考核要求

1. 本题分值：100分。

2. 考核时间：240 分钟。

3. 具体考核要求：

（1）公差等级：锉削 IT9、钻孔 IT12、刮削 IT5。

（2）形位公差：锉削平行度 8 级、垂直度 8 级，钻孔垂直度 11 级、对称度 12 级，刮削精度点数 12 点/$25\times25^2$。

（3）表面粗糙度：锉削 Ra3. 2、钻孔 Ra3. 2。

4. 试题图及技术要求：

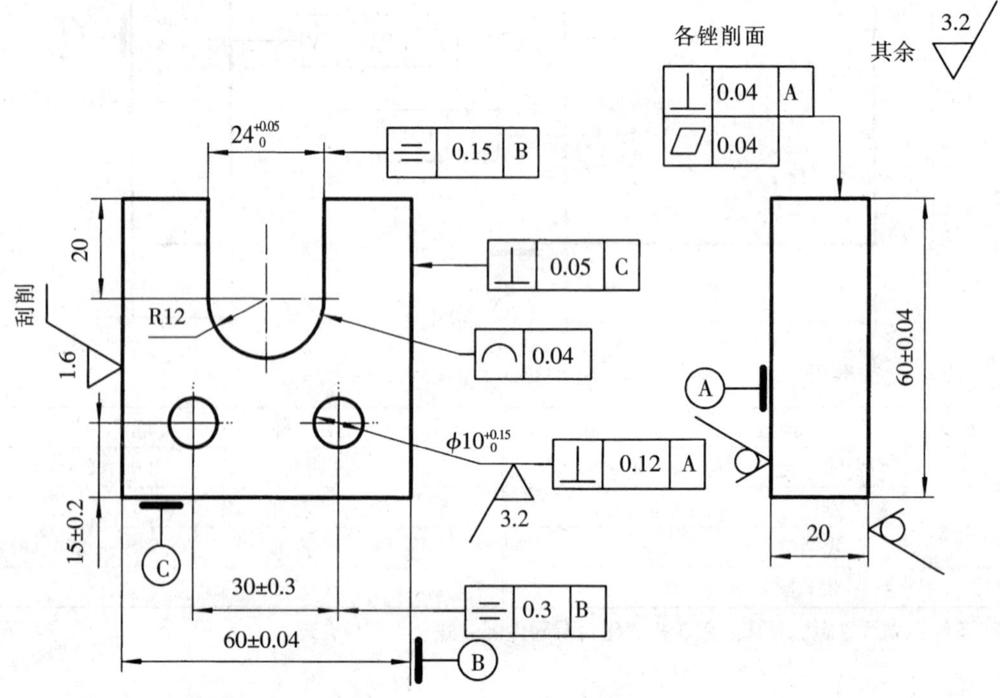


技术要求：

1.刮削面要求达到12点/$25\times25^2$。

2.不允许使用靠模等二类工具。

（三）U 形板操作技能评分表

| 序号 | 考核项目 | 考 核 要 点 | 配分 | 评分标准 | 扣分 | 得分 |
|---|---|---|---|---|---|---|
| 1 | 锉 削 | 60±0. 04 | 12 | 超差不得分 | | |
| 2 | | $24^{+0.05}_{0}$ | 8 | 超差不得分 | | |
| 3 | | ⊥ 0. 04 A | 8 | 超差不得分 | | |
| 4 | | ⌯ 0. 15 B | 4 | 超差不得分 | | |
| 5 | | ⌒ 0. 04 | 8 | 超差不得分 | | |
| 6 | | ⊥ 0. 05 C | 4 | 超差不得分 | | |
| 7 | | 表面粗糙度 Ra3. 2 | 6 | 升高一级不得分 | | |

续表

| 序号 | 考核项目 | 考核要点 | 配分 | 评分标准 | 扣分 | 得分 |
|---|---|---|---|---|---|---|
| 8 | 刮削 | 12点/25×25mm² | 16 | 低于12点不得分，有刮削缺陷者扣1—6分 | | |
| 9 | 钻孔 | $\phi10^{+0.15}_{0}$ | 4 | 超差不得分 | | |
| 10 | | 30±0.3 | 6 | 超差不得分 | | |
| 11 | | 15±0.2 | 4 | 超差不得分 | | |
| 12 | | ⊥ 0.12 A | 4 | 超差不得分 | | |
| 13 | | ⌯ 0.3 B | 4 | 超差不得分 | | |
| 14 | | 表面粗糙度Ra3.2 | 2 | 升高一级不得分 | | |
| 15 | 安全文明生产 | 正确执行国家有关安全技术操作规程及文明生产规定 | 4 | 违规扣4分 | | |
| 16 | 设备使用 | 各种相关及辅助设备的使用符合有关规定 | 3 | 违规扣3分 | | |
| 17 | 工、量具使用 | 各种工具、量具的使用符合有关规定 | 3 | 违规扣3分 | | |
| 合计 | | | 100 | | | |
| 否定项：造成设备严重损坏及人员重伤以上事故，考核全程否定，即按0分处理 | | | | | | |

评分人：　　　　年　月　日　　核分人：　　　　年　月　日

## 六、A—A—006 锉削、钻孔、研磨

本试题下共有3道考核试题，这些试题统一的考核要求和配分与评分标准如下：

**1. 考核要求**

| 公差等级 / 项目 / 考核内容 | 尺寸精度 | 表面粗糙度 | 形状与位置精度 | | | |
|---|---|---|---|---|---|---|
| | | | 平面度 | 垂直度 | 平行度 | 对称度 |
| 锉削 | IT9<br>4处以上 | Ra3.2<br>4处以上 | 10级 | 8级<br>2处以上 | 8级<br>2处以上 | 11级 |
| 研磨 | IT5<br>1处以上 | Ra0.5 | 5级 | 7级<br>1处以上 | | |
| 钻孔 | IT12 | Ra3.2 | | 11级 | | 12级 |

**2. 配分与评分标准**

| 序号 | 考核内容 | 考核要点 | 配分 | 评分标准 |
|---|---|---|---|---|
| 1 | 锉削 | 公差等级 IT9 | 60 | 超差不得分 |
| 2 | | 形位公差：平面度 10 级、垂直度 8 级、平行度 8 级、对称度 11 级 | | 超差不得分 |
| 3 | | 表面粗糙度 Ra3.2 | | 升高一级不得分 |
| 4 | 研磨 | 公差等级 IT5 | 20 | 超差不得分 |
| 5 | | 形位公差：垂直度 7 级、平面度 5 级 | | 超差不得分 |
| 6 | | 表面粗糙度 Ra0.5 | | 升高一级不得分 |
| 7 | 钻孔 | 公差等级 IT12 | 10 | 超差不得分 |
| 8 | | 形位公差：垂直度 11 级、对称度 12 级 | | 超差不得分 |
| 9 | | 表面粗糙度 Ra3.2 | | 升高一级不得分 |
| 10 | 安全文明生产 | 正确执行国家有关安全技术操作规程及文明生产规定 | 10 | 违规扣 4 分 |
| 11 | 设备使用 | 各种相关及辅助设备的使用符合有关规定 | | 违规扣 3 分 |
| 12 | 工、量具使用 | 各种工具、量具的使用符合有关规定 | | 违规扣 3 分 |
| 合计 | | | 100 | |
| 否定项：造成设备严重损坏及人员重伤以上事故，考核全程否定，即按 0 分处理 | | | | |

试题 1. 扁型限位块

（一）准备要求

1. 鉴定机构准备

（1）材料准备。

| 序号 | 材料名称 | 规　格 | 数量 | 备注 |
|---|---|---|---|---|
| 1 | Q235 - A | ϕ55×22 | 1 | |
| 2 | 研磨剂 | | | |

备料图：

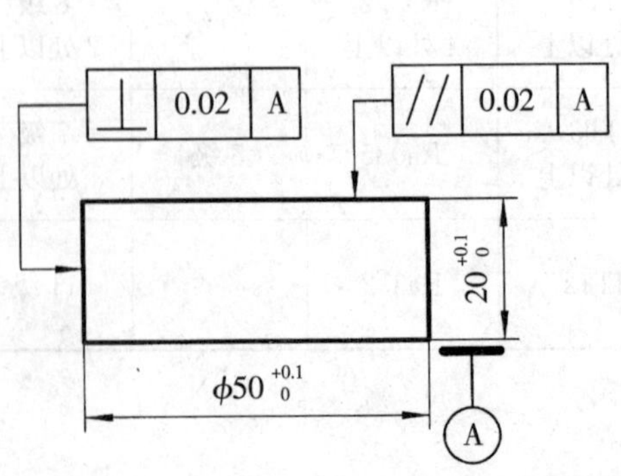

（2）设备准备。

| 序号 | 名 称 | 规 格 | 序号 | 名 称 | 规 格 |
|---|---|---|---|---|---|
| 1 | 划线平台 | 2000×1500 | 5 | 钳台 | 3000×2000 |
| 2 | 方箱 | 205×205×205 | 6 | 台虎钳 | 125 |
| 3 | 台式钻床 | Z4112 | 7 | 砂轮机 | S3SL－250 |
| 4 | 研磨平板 | | | | |

备注：划线平台、钻床、砂轮机、钳台及附件配套齐全，布局合理。

2. 考生准备

（1）工、量、刃具准备。

| 名 称 | 规 格 | 精度 | 数量 | 名 称 | 规 格 | 精度 | 数量 |
|---|---|---|---|---|---|---|---|
| 游标高度尺 | 0～300mm | 0.02 | 1 | 平锉 | 250mm（1号纹） | | 1 |
| 游标卡尺 | 0～150mm | 0.02 | 1 | | 250mm（3号纹） | | 1 |
| 万能角度尺 | 0°～320° | ±2′ | 1 | | 250mm（4号纹） | | 1 |
| 刀口尺 | 125mm | 1级 | 1 | 方锉 | 200mm（1号纹） | | 1 |
| 直角尺 | 100×63mm | 1级 | 1 | | 200mm（3号纹） | | 1 |
| 千分尺 | 25～50 | 0.01 | 1 | 钳工常用工具 | 手锤、手锯、划针、划规、直尺、样冲、软钳口、锉刀刷等 | | |
| 钻头 | ϕ3 | | 1 | | | | |
| | ϕ10 | | 1 | | | | |

（2）其他小型工具由个人根据加工需求补充准备。

（二）考核要求

1. 本题分值：100分。

2. 考核时间：240分钟。

3. 具体考核要求：

（1）公差等级：锉削IT9、钻孔IT12、研磨IT5。

（2）形位公差：锉削平行度8级、垂直度8级，钻孔垂直度11级、对称度12级，研磨垂直度7级、平面度5级。

（3）表面粗糙度：锉削Ra3.2、钻孔Ra3.2、研磨Ra0.5。

4. 试题图及技术要求：

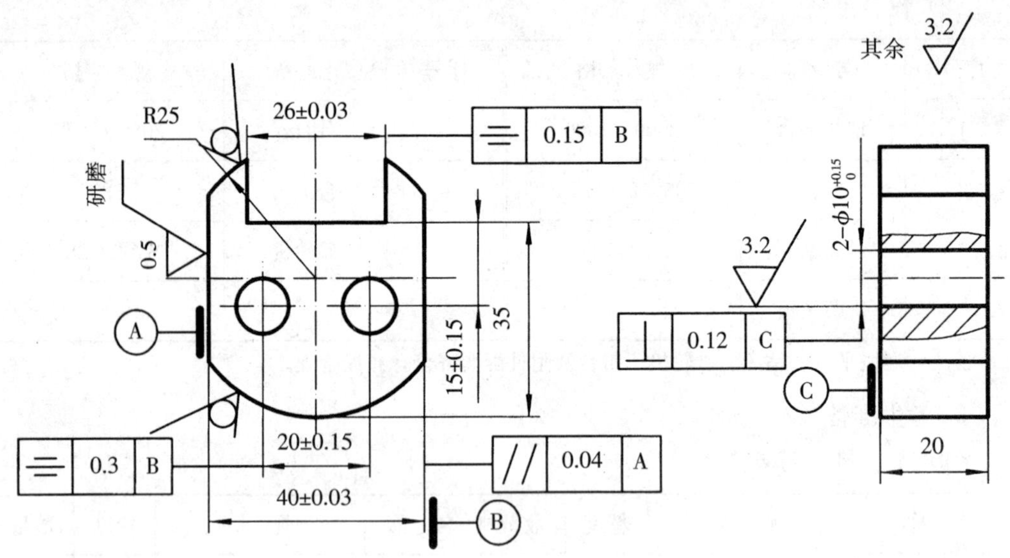


技术要求：

1.研磨面要求平面度0.02，无研磨缺陷，与基准C的垂直度0.02。

2.所有锉削面要求平面度0.03，与基准C的垂直度0.03。

（三）扁形限位块操作技能评分表

| 序号 | 考核项目 | 考 核 要 点 | 配分 | 评分标准 | 扣分 | 得分 |
|---|---|---|---|---|---|---|
| 1 | 锉 削 | 40±0.03 | 12 | 超差不得分 | | |
| 2 | | 26±0.03 | 12 | 超差不得分 | | |
| 3 | | ⊥ 0.03 C | 8 | 超差不得分 | | |
| 4 | | ⌯ 0.15 B | 8 | 超差不得分 | | |
| 5 | | // 0.04 A | 6 | 超差不得分 | | |
| 6 | | 表面粗糙度 Ra3.2 | 4 | 升高一级不得分 | | |
| 7 | 研 磨 | ▱ 0.02 | 6 | 超差不得分 | | |
| 8 | | ⊥ 0.02 C | 4 | 超差不得分 | | |
| 9 | | 无研磨缺陷 | 4 | 有缺陷扣 1～4 分 | | |
| 10 | | 表面粗糙度 Ra0.5 | 10 | 升高一级不得分 | | |
| 11 | 钻 孔 | $\phi10^{+0.15}_{0}$ | 4 | 超差不得分 | | |
| 12 | | 20±0.15 | 4 | 超差不得分 | | |
| 13 | | ⊥ 0.12 C | 4 | 超差不得分 | | |
| 14 | | 表面粗糙度 Ra3.2 | 4 | 升高一级不得分 | | |
| 15 | 安全文明生产 | 正确执行国家有关安全技术操作规程及文明生产规定 | 4 | 违规扣 4 分 | | |

续表

| 序号 | 考核项目 | 考 核 要 点 | 配分 | 评分标准 | 扣分 | 得分 |
|---|---|---|---|---|---|---|
| 16 | 设备使用 | 各种相关及辅助设备的使用符合有关规定 | 3 | 违规扣 3 分 | | |
| 17 | 工、量具使用 | 各种工具、量具的使用符合有关规定 | 3 | 违规扣 3 分 | | |
| 合计 | | | 100 | | | |
| 否定项：造成设备严重损坏及人员重伤以上事故，考核全程否定，即按 0 分处理 | | | | | | |

评分人： 年 月 日 核分人： 年 月 日

试题 2. 台阶组合

(一) 准备要求

1. 鉴定机构准备

(1) 材料准备。

| 序号 | 材料名称 | 规 格 | 数量 | 备注 |
|---|---|---|---|---|
| 1 | Q235 - A | 65×65×14 | 1 | |
| 2 | 研磨剂 | | | |

备料图：

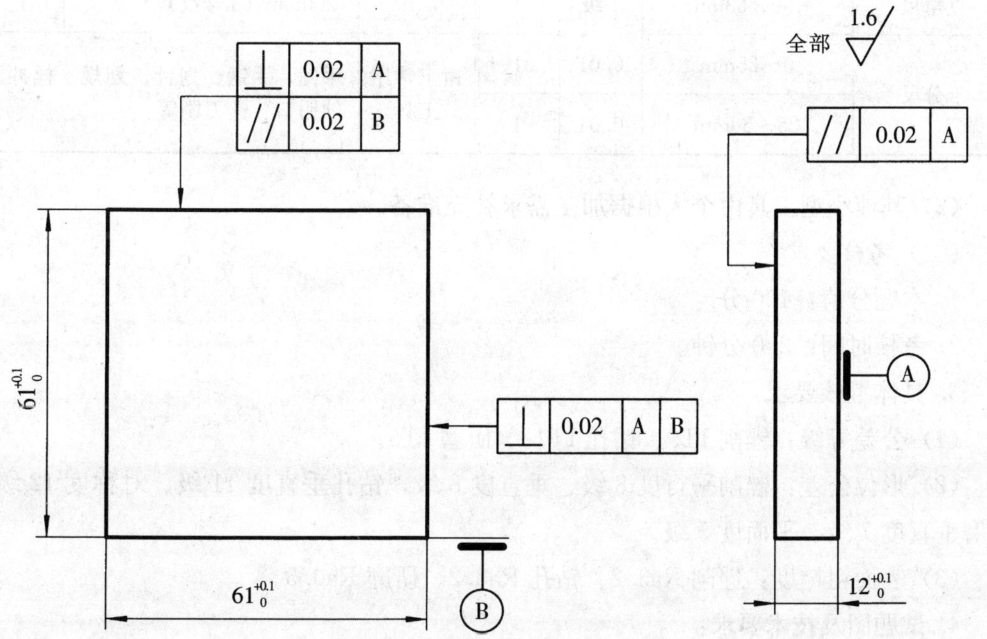

（2）设备准备。

| 序号 | 名　称 | 规　　格 | 序号 | 名　称 | 规　　格 |
|---|---|---|---|---|---|
| 1 | 划线平台 | 2000×1500 | 5 | 钳台 | 3000×2000 |
| 2 | 方箱 | 205×205×205 | 6 | 台虎钳 | 125 |
| 3 | 台式钻床 | Z4112 | 7 | 砂轮机 | S3SL－250 |
| 4 | 研磨平板 | | | | |

备注：划线平台、钻床、砂轮机、钳台及附件配套齐全，布局合理。

2. 考生准备

（1）工、量、刃具准备。

| 名　称 | 规　格 | 精度 | 数量 | 名　称 | 规　格 | 精度 | 数量 |
|---|---|---|---|---|---|---|---|
| 游标高度尺 | 0～300mm | 0.02 | 1 | 平锉 | 250mm（1号纹） | | 1 |
| 游标卡尺 | 0～150mm | 0.02 | 1 | | 250mm（3号纹） | | 1 |
| 万能角度尺 | 0°～320° | ±2′ | 1 | | 250mm（4号纹） | | 1 |
| 钢直尺 | 0～150mm | | 1 | 钻头 | ϕ10 | | 1 |
| 刀口尺 | 125mm | 1级 | 1 | 方锉 | 200mm（1号纹） | | 1 |
| 直角尺 | 100×63mm | 1级 | 1 | | 200mm（3号纹） | | 1 |
| 千分尺 | 0～25mm | 0.01 | 1 | 钳工常用工具 | 手锤、手锯、划针、划规、样冲、软钳口、锉刀刷等 | | |
| | 25～50mm | 0.01 | 1 | | | | |

（2）其他小型工具由个人根据加工需求补充准备。

（二）考核要求

1. 本题分值：100分。

2. 考核时间：240分钟。

3. 具体考核要求：

（1）公差等级：锉削IT9、钻孔IT12、研磨IT5。

（2）形位公差：锉削平行度8级、垂直度8级，钻孔垂直度11级、对称度12级，研磨垂直度7级、平面度5级。

（3）表面粗糙度：锉削Ra3.2、钻孔Ra3.2、研磨Ra0.5。

4. 试题图及技术要求：

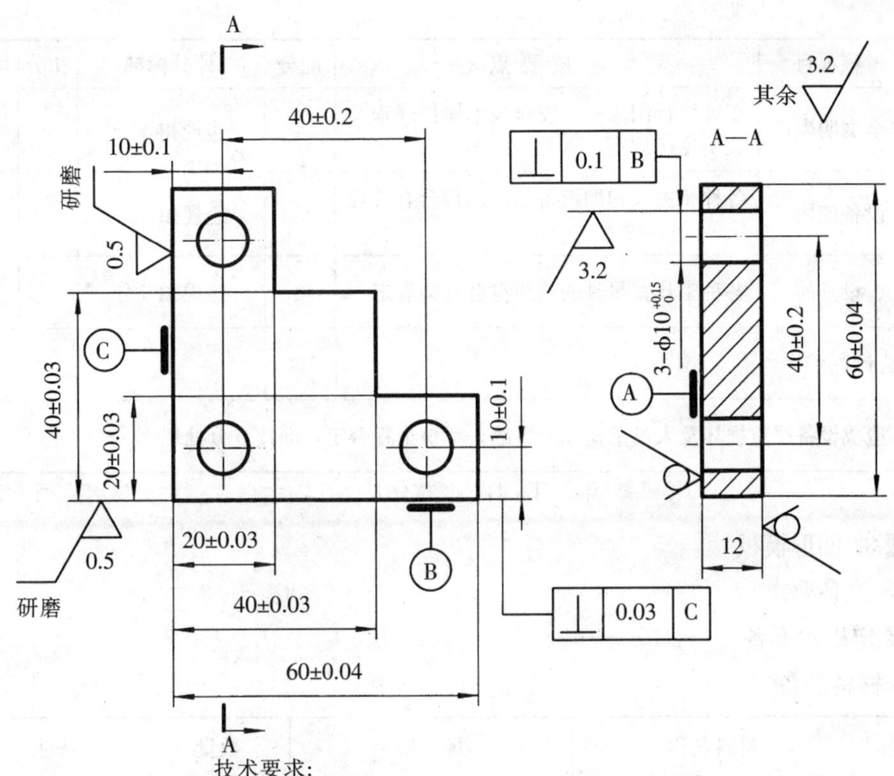


技术要求:

1.B和C面为研磨面,要求平面度0.01,与基准A的垂直度0.02,无研磨缺陷。

2.所有锉削面要求:平面度0.03,与基准A的垂直度0.03。

## (三)台阶组合操作技能评分表

| 序号 | 考核项目 | 考 核 要 点 | 配分 | 评分标准 | 扣分 | 得分 |
|---|---|---|---|---|---|---|
| 1 | 锉 削 | 20±0.03 | 10 | 超差不得分 | | |
| 2 | | 40±0.03 | 12 | 超差不得分 | | |
| 3 | | 60±0.04 | 12 | 超差不得分 | | |
| 4 | | ⊥ 0.03 A | 6 | 超差不得分 | | |
| 5 | | ⊥ 0.03 C | 4 | 超差不得分 | | |
| 6 | | 表面粗糙度 Ra3.2 | 7 | 升高一级不得分 | | |
| 7 | 研 磨 | ▱ 0.01 | 8 | 超差不得分 | | |
| 8 | | ⊥ 0.02 A | 4 | 超差不得分 | | |
| 9 | | 无研磨缺陷 | 4 | 有缺陷扣 1—4 分 | | |
| 10 | | 表面粗糙度 Ra0.5 | 6 | 升高一级不得分 | | |
| 11 | 钻 孔 | $\phi10^{+0.15}_{0}$ | 6 | 超差不得分 | | |
| 12 | | 10±0.1 | 4 | 超差不得分 | | |
| 13 | | 40±0.2 | 4 | 超差不得分 | | |
| 14 | | 表面粗糙度 Ra3.2 | 3 | 升高一级不得分 | | |

续表

| 序号 | 考核项目 | 考 核 要 点 | 配分 | 评分标准 | 扣分 | 得分 |
|---|---|---|---|---|---|---|
| 15 | 安全文明生产 | 正确执行国家有关安全技术操作规程及文明生产规定 | 4 | 违规扣 4 分 | | |
| 16 | 设备使用 | 各种相关及辅助设备的使用符合有关规定 | 3 | 违规扣 3 分 | | |
| 17 | 工、量具使用 | 各种工具、量具的使用符合有关规定 | 3 | 违规扣 3 分 | | |
| 合计 | | | 100 | | | |
| 否定项：造成设备严重损坏及人员重伤以上事故，考核全程否定，即按 0 分处理 | | | | | | |

评分人：　　　　　　　　　　年　月　日　　核分人：　　　　　　　　　　年　月　日

试题 3. 凹形模板

（一）准备要求

1. 鉴定机构准备

（1）材料准备。

| 序号 | 材料名称 | 规　格 | 数量 | 备注 |
|---|---|---|---|---|
| 1 | Q235－A | 65×45×12 | 1 | |
| 2 | 研磨剂 | | | |

备料图：

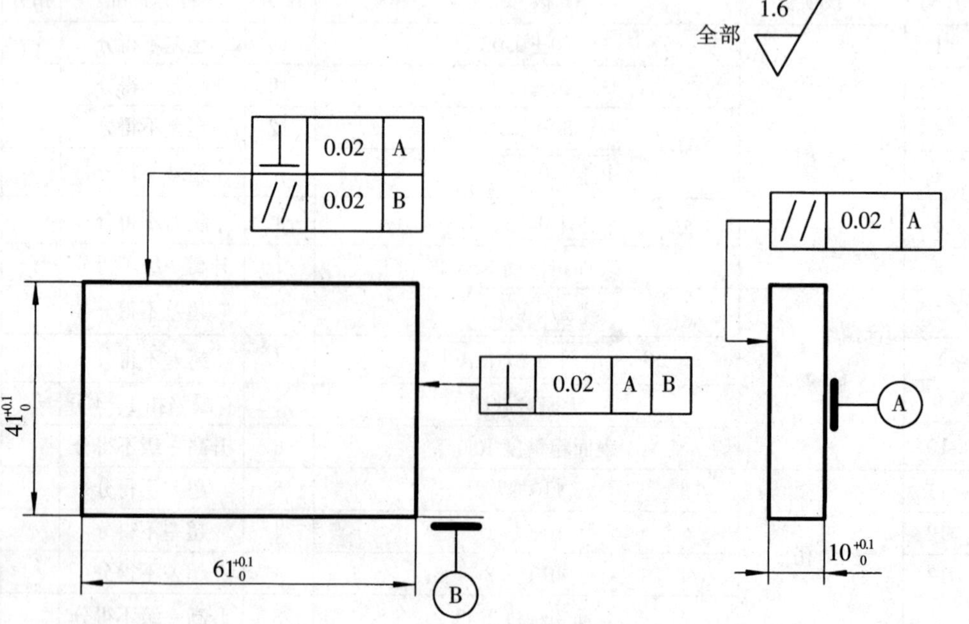

（2）设备准备。

| 序号 | 名　称 | 规　　格 | 序号 | 名　称 | 规　　格 |
|---|---|---|---|---|---|
| 1 | 划线平台 | 2000×1500 | 5 | 钳台 | 3000×2000 |
| 2 | 方箱 | 205×205×205 | 6 | 台虎钳 | 125 |
| 3 | 台式钻床 | Z4112 | 7 | 砂轮机 | S3SL－250 |
| 4 | 研磨平板 | | | | |

备注：划线平台、钻床、砂轮机、钳台及附件配套齐全，布局合理。

2. 考生准备

（1）工、量、刃具准备。

| 名　称 | 规　格 | 精度 | 数量 | 名　称 | 规　格 | 精度 | 数量 |
|---|---|---|---|---|---|---|---|
| 游标高度尺 | 0～300mm | 0.02 | 1 | 平锉 | 250mm（1号纹） | | 1 |
| 游标卡尺 | 0～150mm | 0.02 | 1 | | 250mm（3号纹） | | 1 |
| 万能角度尺 | 0°～320° | ±2′ | 1 | | 250mm（4号纹） | | 1 |
| 刀口尺 | 125mm | 1级 | 1 | 方锉 | 200mm（1号纹） | | 1 |
| 直角尺 | 100×63mm | 1级 | 1 | | 200mm（3号纹） | | 1 |
| 千分尺 | 0～25mm | 0.01 | 1 | 钳工常用工具 | 手锤、手锯、划针、钢板尺、划规、样冲、软钳口、锉刀刷等 | | |
| 钻头 | ϕ3 | | 1 | | | | |
| | ϕ10 | | 1 | | | | |

（2）其他小型工具由个人根据加工需求补充准备。

（二）考核要求

1. 本题分值：100分。

2. 考核时间：240分钟。

3. 具体考核要求：

（1）公差等级：锉削IT9、钻孔IT12、研磨IT5。

（2）形位公差：锉削平行度8级、垂直度8级，钻孔垂直度11级、对称度12级，研磨垂直度7级、平面度5级。

（3）表面粗糙度：锉削Ra3.2、钻孔Ra3.2、研磨Ra0.5。

4. 试题图及技术要求：

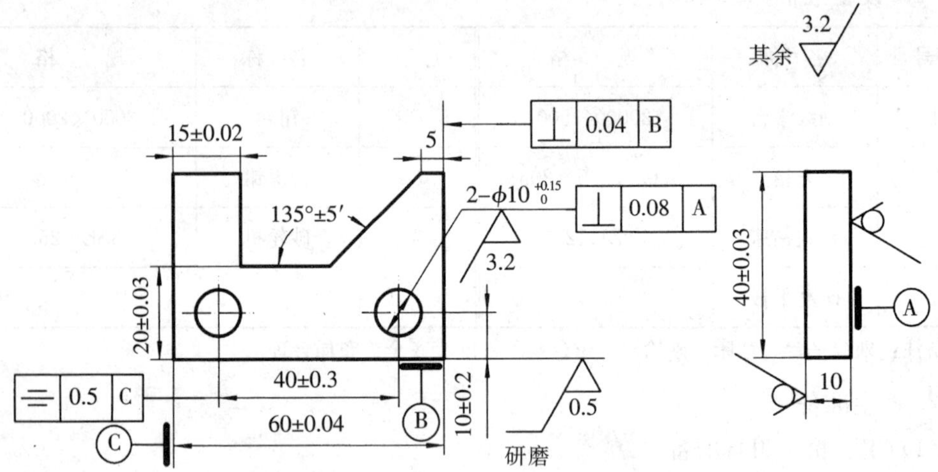


技术要求：

1 研磨面要求：平面度0.01，与基准A的垂直度0.02，无研磨缺陷。

2 所有锉削面要求：平面度0.03，与基准A的垂直度0.03。

（三）凹形模板操作技能评分表

| 序号 | 考核项目 | 考核要点 | 配分 | 评分标准 | 扣分 | 得分 |
|---|---|---|---|---|---|---|
| 1 | 锉削 | 60±0.04 | 6 | 超差不得分 | | |
| 2 | | 40±0.03 | 6 | 超差不得分 | | |
| 3 | | 20±0.03 | 6 | 超差不得分 | | |
| 4 | | 15±0.02 | 6 | 超差不得分 | | |
| 5 | | 135°±5′ | 6 | 超差不得分 | | |
| 6 | | ⊥ 0.04 B | 4 | 超差不得分 | | |
| 7 | | ⊥ 0.03 A | 14 | 超差不得分 | | |
| 8 | | 表面粗糙度 Ra3.2 | 4 | 升高一级不得分 | | |
| 9 | 研磨 | ▱ 0.01 | 6 | 超差不得分 | | |
| 10 | | ⊥ 0.02 A | 4 | 超差不得分 | | |
| 11 | | 无研磨缺陷 | 4 | 有缺陷扣1～4分 | | |
| 12 | | 表面粗糙度 Ra0.5 | 6 | 升高一级不得分 | | |
| 13 | 钻孔 | $\phi10^{+0.15}_{0}$ | 4 | 超差不得分 | | |
| 14 | | 10±0.2 | 4 | 超差不得分 | | |
| 15 | | 40±0.3 | 4 | 超差不得分 | | |
| 16 | | ⌯ 0.5 C | 4 | 超差不得分 | | |
| 17 | | 表面粗糙度 Ra3.2 | 2 | 升高一级不得分 | | |

续表

| 序号 | 考核项目 | 考 核 要 点 | 配分 | 评分标准 | 扣分 | 得分 |
|---|---|---|---|---|---|---|
| 18 | 安全文明生产 | 正确执行国家有关安全技术操作规程及文明生产规定 | 4 | 违规扣 4 分 | | |
| 19 | 设备使用 | 各种相关及辅助设备的使用符合有关规定 | 3 | 违规扣 3 分 | | |
| 20 | 工、量具使用 | 各种工具、量具的使用符合有关规定 | 3 | 违规扣 3 分 | | |
| 合计 | | | 100 | | | |
| 否定项：造成设备严重损坏及人员重伤以上事故，考核全程否定，即按 0 分处理 | | | | | | |

评分人：　　　　　　年　月　日　　核分人：　　　　　　年　月　日

## 七、A—A—007 锉配、钻孔

本试题下共有 3 道考核试题，这些试题统一的考核要求和配分与评分标准如下：

### 1. 考核要求

| 公差等级 / 项目 / 考核内容 | 尺寸精度 | 表面粗糙度 | 形状与位置精度 | | | | 配合间隙 |
|---|---|---|---|---|---|---|---|
| | | | 平面度 | 垂直度 | 平行度 | 对称度 | |
| 锉削 | IT9<br>4 处以上 | Ra3.2<br>4 处以上 | 10 级 | 8 级<br>2 处以上 | 8 级<br>3 级以上 | 11 级 | |
| 锉配 | IT9<br>4 处以上 | Ra3.2<br>4 处以上 | | 8 级<br>2 处以上 | | 11 级 | ≤0.08mm |
| 钻孔 | IT12 | Ra3.2 | | 11 级 | | 12 级 | |

### 2. 配分与评分标准

| 序号 | 考核内容 | 考 核 要 点 | 配分 | 评分标准 |
|---|---|---|---|---|
| 1 | 锉 削 | 公差等级 IT9 | 50 | 超差不得分 |
| 2 | | 形位公差：平面度 10 级、垂直度 8 级、平行度 8 级 | | 超差不得分 |
| 3 | | 表面粗糙度 Ra3.2 | | 升高一级不得分 |
| 4 | 锉 配 | 配合间隙≤0.08mm | 30 | 升高一级不得分 |
| 5 | 钻 孔 | 公差等级 IT12 | 10 | 超差不得分 |
| 6 | | 形位公差：垂直度 11 级、对称度 12 级 | | 超差不得分 |
| 7 | | 表面粗糙度 Ra3.2 | | 升高一级不得分 |
| 8 | 安全文明生产 | 正确执行国家有关安全技术操作规程及文明生产规定 | 10 | 违规扣 4 分 |
| 9 | 设备使用 | 各种相关及辅助设备的使用符合有关规定 | | 违规扣 3 分 |
| 10 | 工、量具使用 | 各种工具、量具的使用符合有关规定 | | 违规扣 3 分 |
| 合计 | | | 100 | |
| 否定项：造成设备严重损坏及人员重伤以上事故，考核全程否定，即按 0 分处理 | | | | |

评分人：　　　　　　年　月　日　　核分人：　　　　　　年　月　日

试题 1. 凹凸配合

（一）准备要求

1. 鉴定机构准备

（1）材料准备。

| 序号 | 材料名称 | 规　格 | 数量 | 备注 |
|---|---|---|---|---|
| 1 | Q235－A | 85×65×12 | 2 | |

备料图：

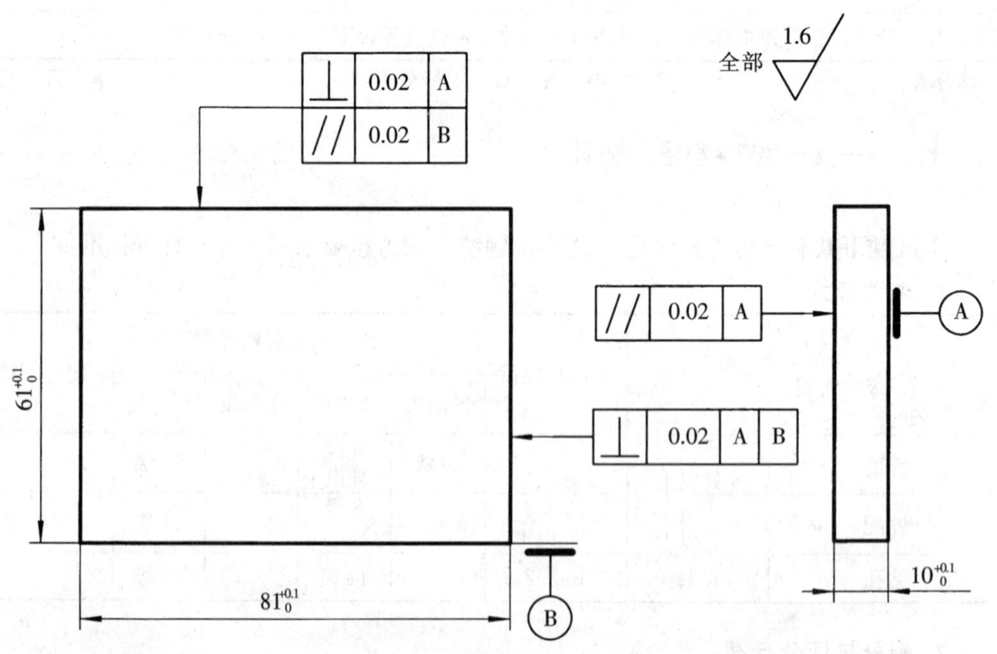


（2）设备准备。

| 序号 | 名　称 | 规　格 | 序号 | 名　称 | 规　格 |
|---|---|---|---|---|---|
| 1 | 划线平台 | 2000×1500 | 4 | 钳台 | 3000×2000 |
| 2 | 方箱 | 205×205×205 | 5 | 台虎钳 | 125 |
| 3 | 台式钻床 | Z4112 | 6 | 砂轮机 | S3SL－250 |

备注：划线平台、钻床、砂轮机、钳台及附件配套齐全，布局合理。

2. 考生准备

（1）工、量、刃具准备。

| 名　称 | 规　格 | 精度 | 数量 | 名　称 | 规　格 | 精度 | 数量 |
|---|---|---|---|---|---|---|---|
| 游标高度尺 | 0～300mm | 0.02 | 1 | 平锉 | 250mm | 1 号纹 | 1 |
| 游标卡尺 | 0～150mm | 0.02 | 1 | | 250mm | 3 号纹 | 1 |
| 万能角度尺 | 0°～320° | ±2′ | 1 | | 150mm | 4 号纹 | 1 |
| 刀口尺 | 125mm | 1 级 | 1 | 钻头 | ϕ3 | | 1 |
| 直角尺 | 100×63mm | 1 级 | 1 | | ϕ10 | | 1 |
| 塞尺 | 0.02～0.5 | | 1 | 方锉 | 200mm | 2 号纹 | 1 |
| 千分尺 | 25～50mm | | 1 | 钳工常用工具 | 手锤、手锯、划针、划规、钢板尺、样冲、软钳口、锉刀刷 | | |
| 三角锉 | 150mm | 2 号纹 | 1 | | | | |

（2）其他小型工具由个人根据加工需求补充准备。

（二）考核要求

1. 本题分值：100 分。

2. 考核时间：240 分钟。

3. 具体考核要求：

（1）公差等级：锉削 IT9、钻孔 IT12。

（2）形位公差：锉削平行度 8 级、垂直度 8 级，钻孔垂直度 11 级、对称度 12 级。

（3）表面粗糙度：锉削 Ra3. 2、钻孔 Ra3. 2。

（4）配合间隙不大于 0. 08mm。

4. 试题图及技术要求：

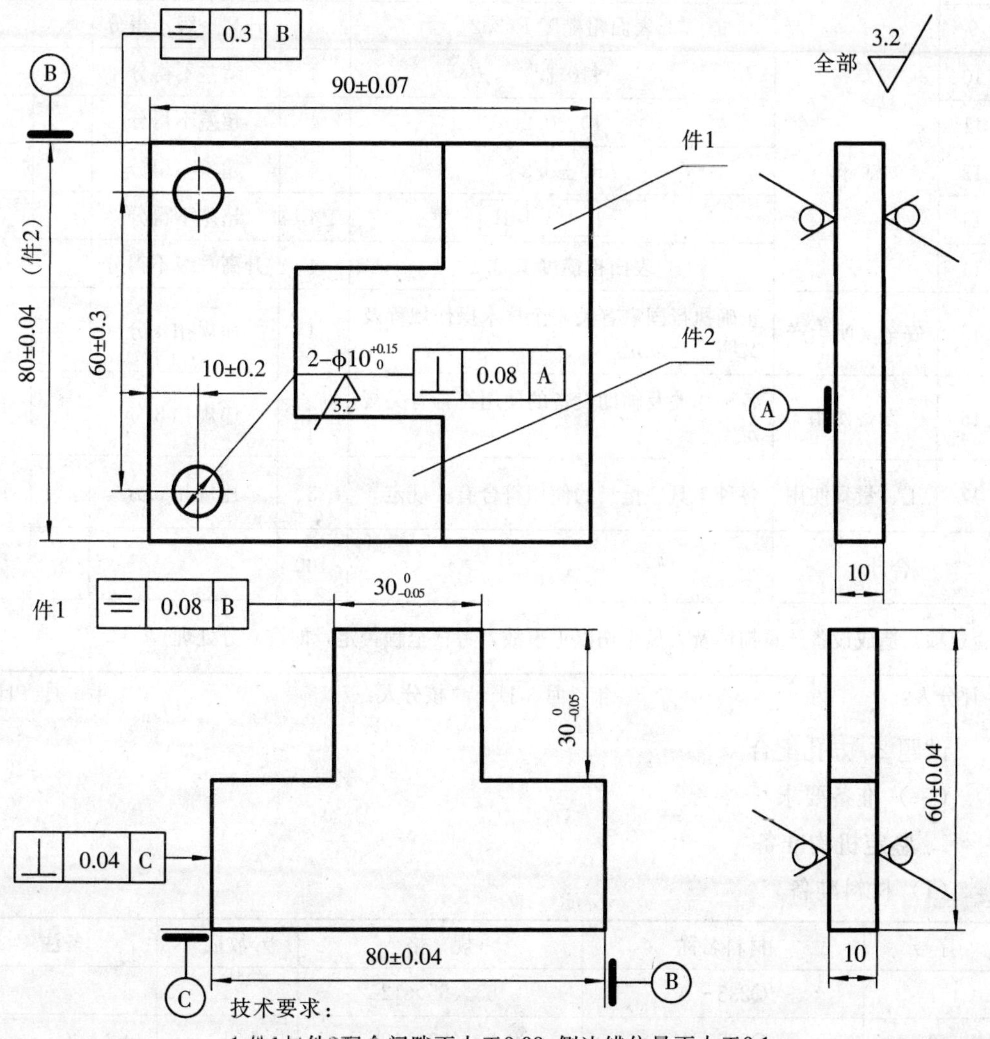


技术要求：

1.件1与件2配合间隙不大于0.08，侧边错位量不大于0.1。

2.件2配合部分尺寸按件1配作。

3.两件锉削面要求：平面度0.03，与基准A的垂直度0.03。

（三）凹凸配合操作技能评分表

| 序号 | 考核项目 | 考核要点 | 配分 | 评分标准 | 扣分 | 得分 |
|---|---|---|---|---|---|---|
| 1 | 锉配 | 80±0.04 | 8 | 超差不得分 | | |
| 2 | | $30_{-0.05}^{0}$ | 12 | 超差不得分 | | |
| 3 | | 60±0.04 | 4 | 超差不得分 | | |
| 4 | | 90±0.07 | 4 | 超差不得分 | | |
| 5 | | ⊥ 0.04 C | 4 | 超差不得分 | | |
| 6 | | ⌯ 0.08 B | 6 | 超差不得分 | | |
| 7 | | 配合间隙≤0.08 | 20 | 超差不得分 | | |
| 8 | | 侧边错位量≤0.1 | 4 | 超差不得分 | | |
| 9 | | 表面粗糙度 Ra3.2 | 8 | 升高一级不得分 | | |
| 10 | 钻孔 | $\phi10_{0}^{+0.15}$ | 4 | 超差不得分 | | |
| 11 | | 10±0.2 | 4 | 超差不得分 | | |
| 12 | | 60±0.3 | 4 | 超差不得分 | | |
| 13 | | ⌯ 0.3 B | 4 | 超差不得分 | | |
| 14 | | 表面粗糙度 Ra3.2 | 4 | 升高一级不得分 | | |
| 15 | 安全文明生产 | 正确执行国家有关安全技术操作规程及文明生产规定 | 4 | 违规扣 4 分 | | |
| 16 | 设备使用 | 各种相关及辅助设备的使用符合有关规定 | 3 | 违规扣 3 分 | | |
| 17 | 工、量具使用 | 各种工具、量具的使用符合有关规定 | 3 | 违规扣 3 分 | | |
| 合计 | | | 100 | | | |
| 否定项：造成设备严重损坏及人员重伤以上事故，考核全程否定，即按 0 分处理 | | | | | | |

评分人：　　　　年　月　日　　核分人：　　　　年　月　日

试题 2. 方孔配合

（一）准备要求

1. 鉴定机构准备

（1）材料准备。

| 序号 | 材料名称 | 规　格 | 数量 | 备注 |
|---|---|---|---|---|
| 1 | Q235－A | 65×65×12 | 1 | |
| 2 | Q235－A | 30×30×12 | 1 | |

备料图：

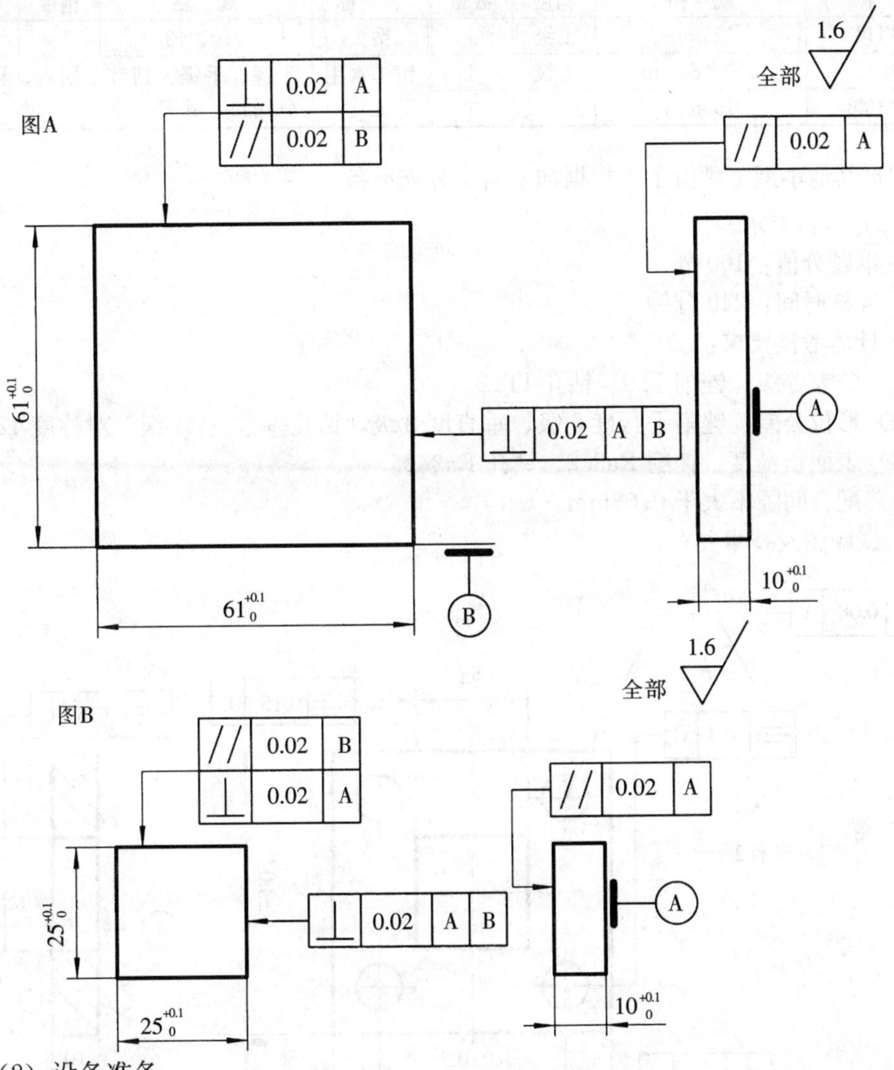


（2）设备准备。

| 序号 | 名　称 | 规　　格 | 序号 | 名　称 | 规　　格 |
|---|---|---|---|---|---|
| 1 | 划线平台 | 2000×1500 | 4 | 钳台 | 3000×2000 |
| 2 | 方箱 | 205×205×205 | 5 | 台虎钳 | 125 |
| 3 | 台式钻床 | Z4112 | 6 | 砂轮机 | S3SL－250 |

备注：划线平台、钻床、砂轮机、钳台及附件配套齐全，布局合理。

2. 考生准备

（1）工、量、刃具准备。

| 名　称 | 规　格 | 精度 | 数量 | 名　称 | 规　格 | 精度 | 数量 |
|---|---|---|---|---|---|---|---|
| 游标高度尺 | 0～300mm | 0.02 | 1 | 平锉 | 250mm | 1号纹 | 1 |
| 游标卡尺 | 0～150mm | 0.02 | 1 | | 250mm | 3号纹 | 1 |
| 万能角度尺 | 0°～320° | ±2′ | 1 | | 150mm | 4号纹 | 1 |
| 钢直尺 | 0～150mm | | 1 | 方锉 | 150mm | 4号纹 | |

续表

| 名　称 | 规　格 | 精度 | 数量 | 名　称 | 规　格 | 精度 | 数量 |
|---|---|---|---|---|---|---|---|
| 刀口尺 | 125mm | 1级 | 1 | 钻头 | ϕ10、ϕ3 | | 各1 |
| 直角尺 | 100×63mm | 1级 | 1 | 钳工常用工具 | 手锤、手锯、划针、划规、样冲、软钳口、锉刀刷等 | | |
| 三角锉 | 150mm | 3号纹 | 1 | | | | |

（2）其他小型工具由个人根据加工需求补充准备。

（二）考核要求

1. 本题分值：100分。

2. 考核时间：240分钟。

3. 具体考核要求：

（1）公差等级：锉削IT9、钻孔IT12。

（2）形位公差：锉削平行度8级、垂直度8级，钻孔垂直度11级、对称度12级。

（3）表面粗糙度：锉削Ra3.2、钻孔Ra3.2。

（4）配合间隙不大于0.08mm。

4. 试题图及技术要求：

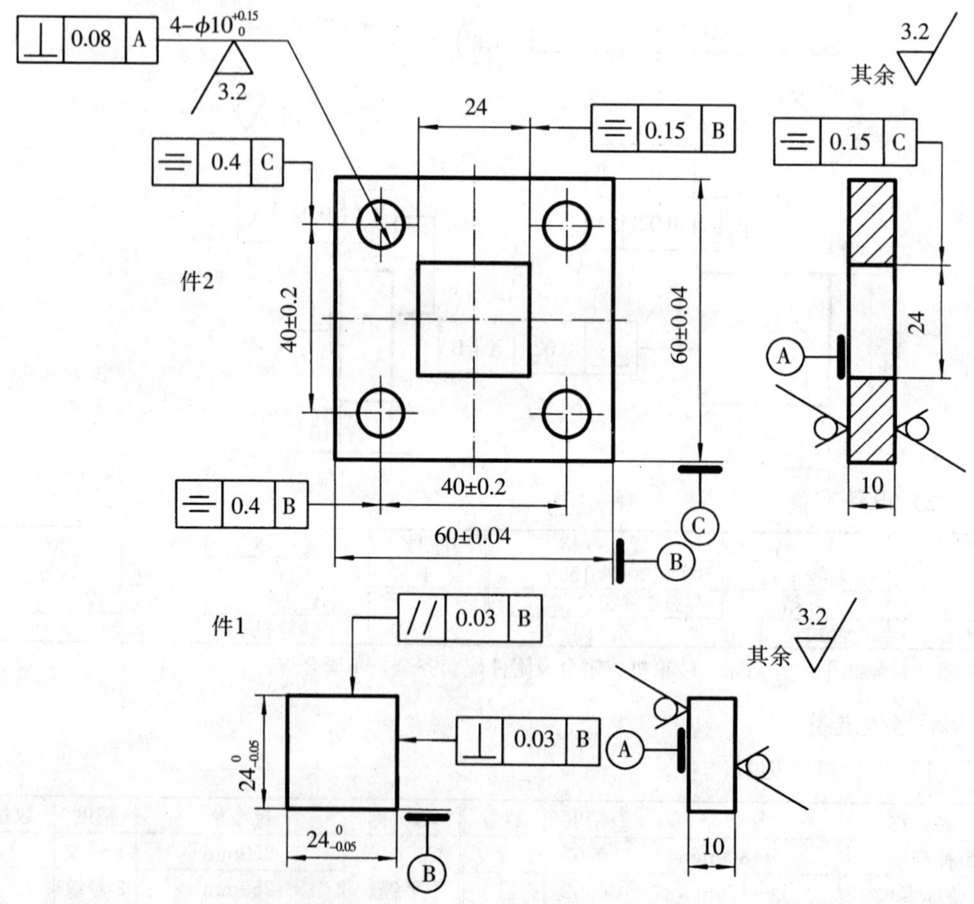


技术要求：

1.件2配合尺寸按件1配作，配合间隙不大于0.08（换位4次）。

2.两件锉削面要求：平面度0.03，与侧边A的垂直度0.03。

（三）方孔配合操作技能评分表

| 序号 | 考核项目 | 考核要点 | 配分 | 评分标准 | 扣分 | 得分 |
|---|---|---|---|---|---|---|
| 1 | 锉配 | $24_{-0.05}^{0}$ | 10 | 超差不得分 | | |
| 2 | | 60±0.04 | 16 | 超差不得分 | | |
| 3 | | ⊥ 0.03 B | 4 | 超差不得分 | | |
| 4 | | // 0.03 B | 4 | 超差不得分 | | |
| 5 | | ≡ 0.15 B | 4 | 超差不得分 | | |
| 6 | | ≡ 0.15 C | 4 | 超差不得分 | | |
| 7 | | 配合间隙≤0.08 | 24 | 超差不得分 | | |
| 8 | | 表面粗糙度 Ra3.2 | 6 | 升高一级不得分 | | |
| 9 | 钻孔 | $\phi 10_{0}^{+0.15}$ | 4 | 超差不得分 | | |
| 10 | | 40±0.2 | 8 | 超差不得分 | | |
| 11 | | ≡ 0.4 B | 2 | 超差不得分 | | |
| 12 | | ≡ 0.4 C | 2 | 超差不得分 | | |
| 13 | | 表面粗糙度 Ra3.2 | 2 | 升高一级不得分 | | |
| 14 | 安全文明生产 | 正确执行国家有关安全技术操作规程及文明生产规定 | 4 | 违规扣 4 分 | | |
| 15 | 设备使用 | 各种相关及辅助设备的使用符合有关规定 | 3 | 违规扣 3 分 | | |
| 16 | 工、量具使用 | 各种工具、量具的使用符合有关规定 | 3 | 违规扣 3 分 | | |
| 合计 | | | 100 | | | |
| 否定项：造成设备严重损坏及人员重伤以上事故，考核全程否定，即按 0 分处理 | | | | | | |

评分人：　　　　　　　　年　月　日　　核分人：　　　　　　　　年　月　日

试题 3. 工字配合

（一）准备要求

1. 鉴定机构准备

（1）材料准备。

| 序号 | 材料名称 | 规　格 | 数量 | 备注 |
|---|---|---|---|---|
| 1 | Q235－A | 42×35×10 | 1 | |
| 2 | Q235－A | 85×65×10 | 1 | |

备料图：

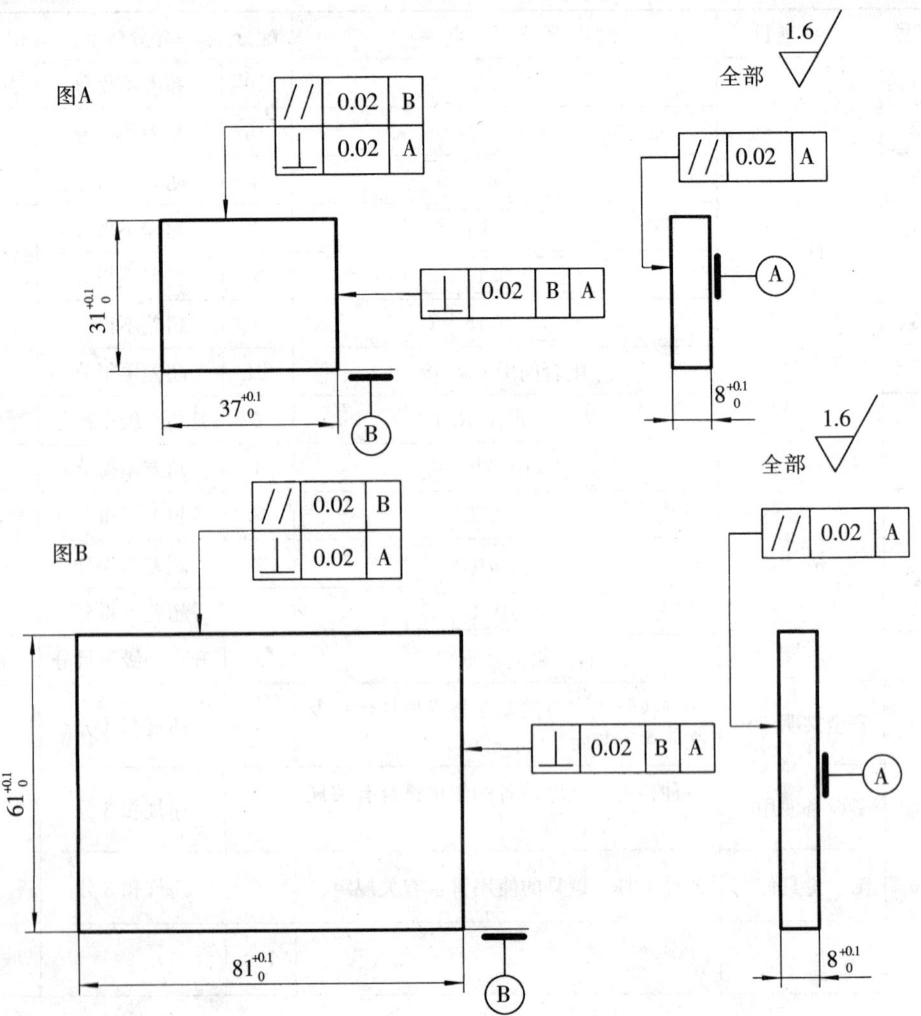


（2）设备准备。

| 序号 | 名　称 | 规　格 | 序号 | 名　称 | 规　格 |
|---|---|---|---|---|---|
| 1 | 划线平台 | 2000×1500 | 4 | 钳台 | 3000×2000 |
| 2 | 方箱 | 205×205×205 | 5 | 台虎钳 | 125mm |
| 3 | 台式钻床 | Z4112 | 6 | 砂轮机 | S3SL－250 |

备注：划线平台、钻床、砂轮机、钳台及附件配套齐全，布局合理。

2. 考生准备

（1）工、量、刃具准备。

| 名　称 | 规　格 | 精度 | 数量 | 名　称 | 规　格 | 精度 | 数量 |
|---|---|---|---|---|---|---|---|
| 游标高度尺 | 0～300mm | 0.02 | 1 | 平锉 | 250mm | 1号纹 | 1 |
| 游标卡尺 | 0～150mm | 0.02 | 1 | | 250mm | 3号纹 | 1 |
| 万能角度尺 | 0°～320° | ±2′ | 1 | | 150mm | 4号纹 | 1 |
| 钢直尺 | 0～150mm | | 1 | 钻头 | ϕ10、ϕ3 | | 各1 |
| 刀口尺 | 125mm | 1级 | 1 | 三角锉 | 150mm | 3号纹 | 1 |
| 直角尺 | 100×63mm | 1级 | 1 | 钳工常用工具 | 手锤、手锯、划针、划规、样冲、软钳口、锉刀刷等 | | |
| 方锉 | 150mm | 2号纹 | 1 | | | | |
| | 150mm | 4号纹 | 1 | | | | |

（2）其他小型工具由个人根据加工需求补充准备。

（二）考核要求

1. 本题分值：100 分。

2. 考核时间：240 分钟。

3. 具体考核要求：

（1）公差等级：锉削 IT9、钻孔 IT12。

（2）形位公差：锉削平行度 8 级、垂直度 8 级，钻孔垂直度 11 级、对称度 12 级。

（3）表面粗糙度：锉削 Ra3.2、钻孔 Ra3.2。

（4）配合间隙不大于 0.08mm。

4. 试题图及技术要求：

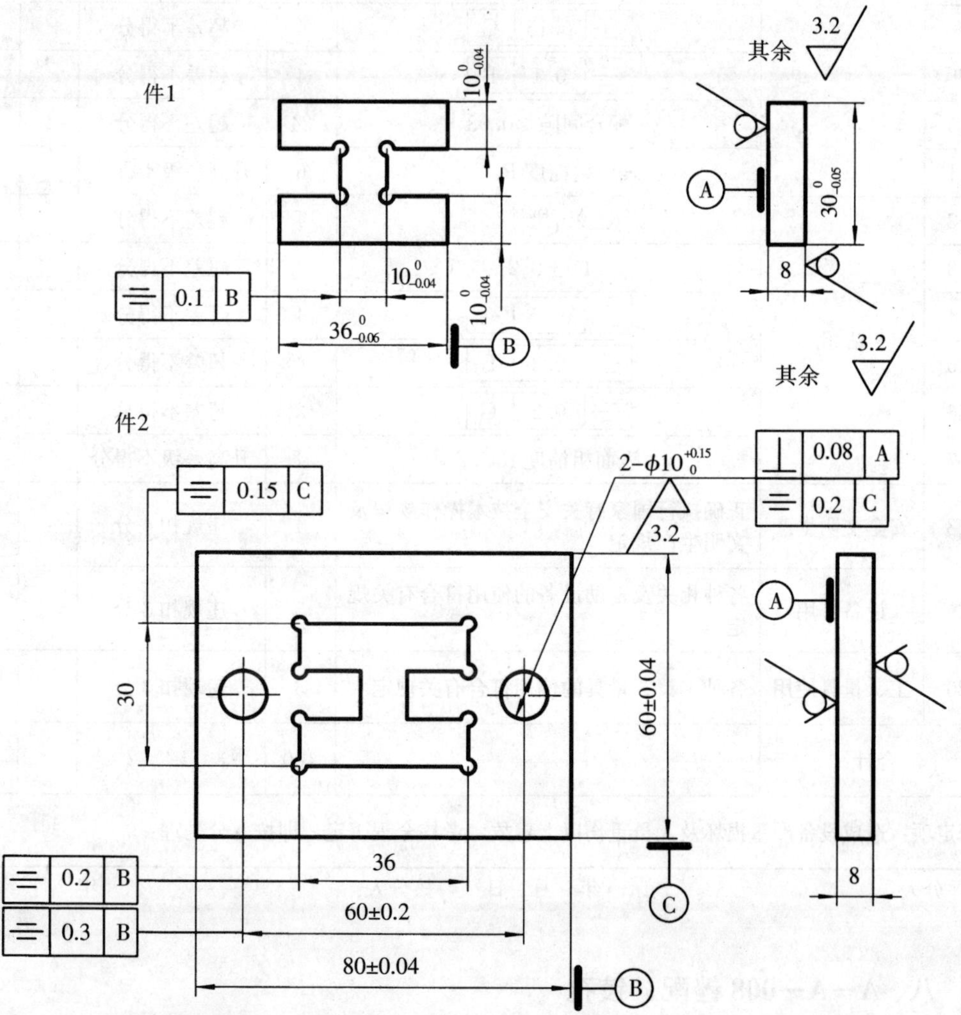


技术要求：

1.件2配合部分尺寸按件1配作，两件转位配合4次，配合间隙不大于0.08mm。

2.两件锉削面要求：平面度0.03；与基准A的垂直度0.03。

3.配合内角处可钻直径3mm以下工艺孔。

（三）工字配合操作技能评分表

| 序号 | 考核项目 | 考核要点 | 配分 | 评分标准 | 扣分 | 得分 |
|---|---|---|---|---|---|---|
| 1 | 锉配 | $36_{-0.06}^{0}$ | 4 | 超差不得分 | | |
| 2 | | $30_{-0.05}^{0}$ | 4 | 超差不得分 | | |
| 3 | | $10_{-0.04}^{0}$ | 4 | 超差不得分 | | |
| 4 | | 80±0.04 | 4 | 超差不得分 | | |
| 5 | | 60±0.04 | 4 | 超差不得分 | | |
| 6 | | ⊥ 0.03 A | 6 | 超差不得分 | | |
| 7 | | ≡ 0.2 B | 4 | 超差不得分 | | |
| 8 | | ≡ 0.15 C | 4 | 超差不得分 | | |
| 9 | | ≡ 0.1 B | 4 | 超差不得分 | | |
| 10 | | 配合间隙≤0.08 | 24 | 超差不得分 | | |
| 11 | | 表面粗糙度 Ra3.2 | 6 | 升高一级不得分 | | |
| 12 | 钻孔 | $\phi10_{0}^{+0.15}$ | 4 | 超差不得分 | | |
| 13 | | 60±0.2 | 4 | 超差不得分 | | |
| 14 | | ⊥ 0.08 A | 4 | 超差不得分 | | |
| 15 | | ≡ 0.3 B | 4 | 超差不得分 | | |
| 16 | | ≡ 0.2 C | 2 | 超差不得分 | | |
| 17 | | 表面粗糙度 Ra3.2 | 4 | 升高一级不得分 | | |
| 18 | 安全文明生产 | 正确执行国家有关安全技术操作规程及文明生产规定 | 4 | 违规扣 4 分 | | |
| 19 | 设备使用 | 各种相关及辅助设备的使用符合有关规定 | 3 | 违规扣 3 分 | | |
| 20 | 工、量具使用 | 各种工具、量具的使用符合有关规定 | 3 | 违规扣 3 分 | | |
| 合计 | | | 100 | | | |
| 否定项：造成设备严重损坏及人员重伤以上事故，考核全程否定，即按 0 分处理 | | | | | | |

评分人： 年 月 日 核分人： 年 月 日

## 八、A—A—008 锉配、铰孔

本试题下共有 3 道考核试题，这些试题统一的考核要求和配分与评分标准如下：

**1. 考核要求**

| 项目<br>公差等级<br>考核内容 | 尺寸精度 | 表面粗糙度 | 形状与位置精度 | | | | 配合间隙 |
|---|---|---|---|---|---|---|---|
| | | | 平面度 | 垂直度 | 平行度 | 对称度 | |
| 锉削 | IT9<br>4 处以上 | Ra3.2<br>4 处以上 | 10 级 | 8 级<br>2 处以上 | 8 级<br>3 处以上 | 11 级 | |
| 锉配 | IT9 | Ra3.2<br>4 处以上 | | 8 级<br>2 处以上 | | 11 级 | ≤0.08mm |
| 铰孔 | IT8 | Ra1.6 | | 10 级 | | | |

**2. 配分与评分标准**

| 序号 | 考核内容 | 考 核 要 点 | 配分 | 评分标准 |
|---|---|---|---|---|
| 1 | 锉 削 | 公差等级 IT9 | 50 | 超差不得分 |
| 2 | | 形位公差：平面度 10 级、垂直度 8 级、平行度 8 级 | | 超差不得分 |
| 3 | | 表面粗糙度 Ra3.2 | | 升高一级不得分 |
| 4 | 锉 配 | 配合间隙≤0.08mm | 30 | 超差不得分 |
| 5 | 铰 孔 | 公差等级 IT7 | 10 | 超差不得分 |
| 6 | | 形位公差：垂直度 11 级 | | 超差不得分 |
| 7 | | 表面粗糙度 Ra1.6 | | 升高一级不得分 |
| 8 | 安全文明生产 | 正确执行国家有关安全技术操作规程及文明生产规定 | 10 | 违规扣 4 分 |
| 9 | 设备使用 | 各种相关及辅助设备的使用符合有关规定 | | 违规扣 3 分 |
| 10 | 工、量具使用 | 各种工具、量具的使用符合有关规定 | | 违规扣 3 分 |
| 合计 | | | 100 | |
| 否定项：造成设备严重损坏及人员重伤以上事故，考核全程否定，即按 0 分处理 | | | | |

试题 1. 角度配合

（一）准备要求

1. 鉴定机构准备

（1）材料准备。

| 序号 | 材料名称 | 规 格 | 数量 | 备注 |
|---|---|---|---|---|
| 1 | Q235－A | 85×55×12 | 1 | |
| 2 | Q235－A | 85×65×10 | 1 | |

备料图：

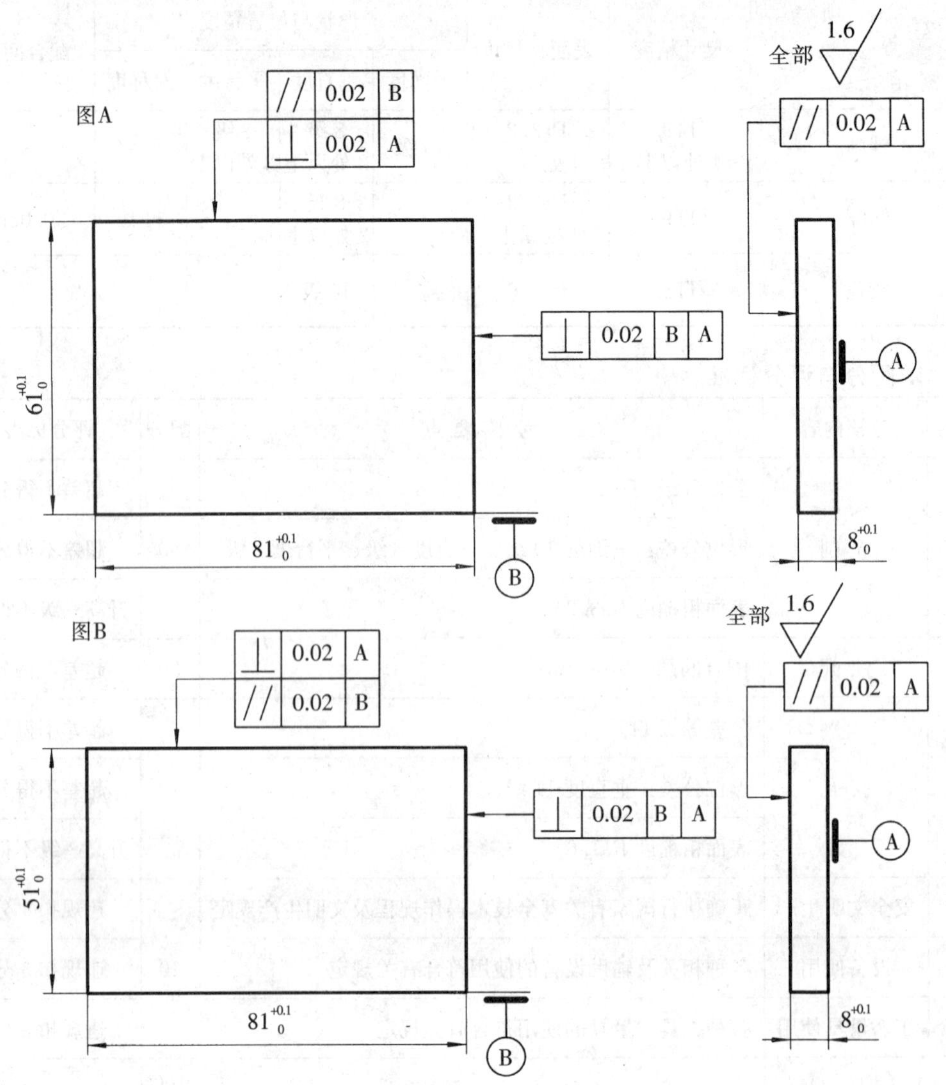


（2）设备准备。

| 序号 | 名　称 | 规　　格 | 序号 | 名　称 | 规　　格 |
|---|---|---|---|---|---|
| 1 | 划线平台 | 2000×1500 | 4 | 钳台 | 3000×2000 |
| 2 | 方箱 | 205×205×205 | 5 | 台虎钳 | 125mm |
| 3 | 台式钻床 | Z4112 | 6 | 砂轮机 | S3SL－250 |

备注：划线平台、钻床、砂轮机、钳台及附件配套齐全，布局合理。

2. 考生准备

（1）工、量、刃具准备。

| 名　称 | 规　格 | 精度 | 数量 | 名　称 | 规　格 | 精度 | 数量 |
|---|---|---|---|---|---|---|---|
| 游标高度尺 | 0～300mm | 0.02 | 1 | 平锉 | 250mm（1号纹） |  | 1 |
| 游标卡尺 | 0～150mm | 0.02 | 1 |  | 250mm（3号纹） |  | 1 |
| 万能角度尺 | 0°～320° | ±2′ | 1 |  | 250mm（4号纹） |  | 1 |
| 钢直尺 | 0～150mm |  | 1 | 钻头 | ϕ3、ϕ12 |  | 各1 |

续表

| 名　称 | 规　格 | 精度 | 数量 | 名　称 | 规　格 | 精度 | 数量 |
|---|---|---|---|---|---|---|---|
| 刀口尺 | 125mm | 1级 | 1 | | ϕ9.8或ϕ9.7 | | 1 |
| 直角尺 | 100×63 | 1级 | 1 | 三角锉 | 150mm（2号纹） | | |
| 铰刀 | ϕ10 | H7 | 1 | 钳工常用工具 | 手锤、手锯、划针、划规、样冲、软钳口、锉刀刷、錾子等 | | |
| 塞尺 | 0.02～0.5 | | 1 | | | | |

（2）其他小型工具由个人根据加工需求补充准备。

（二）考核要求

1. 本题分值：100分。

2. 考核时间：240分钟。

3. 具体考核要求：

（1）公差等级：锉削IT9、铰孔IT8。

（2）形位公差：锉削平行度8级、垂直度8级、铰孔垂直度10级。

（3）表面粗糙度：锉削Ra3.2、铰孔Ra1.6。

（4）配合间隙不大于0.08mm。

4. 试题图及技术要求：

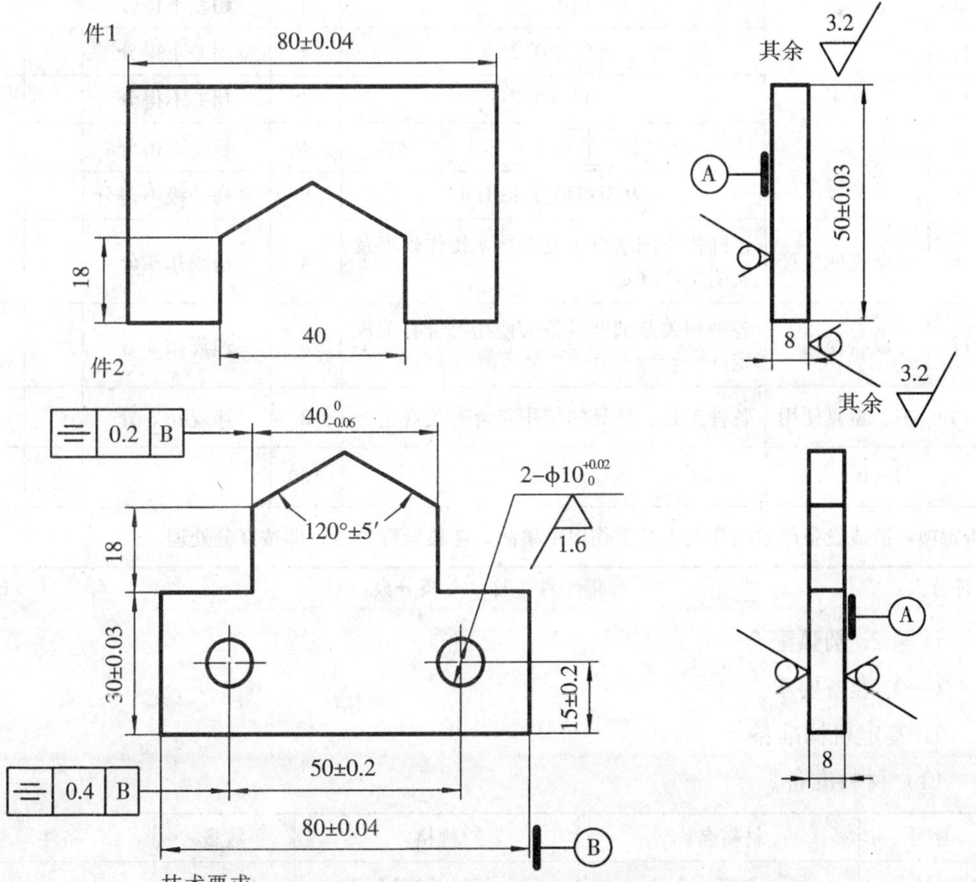


技术要求：

1.件1配合部分尺寸按件2配作，两件转位配合2次，配合间隙不大于0.08mm。

2.两件锉削面要求：平面度0.03；与基准A的垂直度0.03。

3.配合内角处可钻直径3毫米以下工艺孔。

（三）角度配合操作技能评分表

| 序号 | 考核项目 | 考核要点 | 配分 | 评分标准 | 扣分 | 得分 |
|---|---|---|---|---|---|---|
| 1 | 锉配 | 80±0.04 | 8 | 超差不得分 | | |
| 2 | | 30±0.03 | 6 | 超差不得分 | | |
| 3 | | 50±0.03 | 4 | 超差不得分 | | |
| 4 | | $40_{-0.06}^{0}$ | 6 | 超差不得分 | | |
| 5 | | 120°±5′ | 6 | 超差不得分 | | |
| 6 | | ⊥ \| 0.03 \| A | 8 | 超差不得分 | | |
| 7 | | ⌯ \| 0.2 \| B | 4 | 超差不得分 | | |
| 8 | | 配合间隙≤0.08 | 24 | 超差不得分 | | |
| 9 | | 侧边错位量≤0.1 | 2 | 超差不得分 | | |
| 10 | | 表面粗糙度 Ra3.2 | 4 | 升高一级不得分 | | |
| 11 | 铰孔 | $\phi10_{0}^{+0.02}$ | 4 | 超差不得分 | | |
| 12 | | 50±0.2 | 4 | 超差不得分 | | |
| 13 | | 15±0.2 | 4 | 超差不得分 | | |
| 14 | | ⌯ \| 0.4 \| B | 4 | 超差不得分 | | |
| 15 | | 表面粗糙度 Ra1.6 | 2 | 升高一级不得分 | | |
| 16 | 安全文明生产 | 正确执行国家有关安全技术操作规程及文明生产规定 | 4 | 违规扣 4 分 | | |
| 17 | 设备使用 | 各种相关及辅助设备的使用符合有关规定 | 3 | 违规扣 3 分 | | |
| 18 | 工、量具使用 | 各种工具、量具的使用符合有关规定 | 3 | 违规扣 3 分 | | |
| 合计 | | | 100 | | | |
| 否定项：造成设备严重损坏及人员重伤以上事故，考核全程否定，即按 0 分处理 | | | | | | |

评分人：　　　　　　　　年　月　日　　核分人：　　　　　　　　年　月　日

试题 2. 圆弧配合

（一）准备要求

1. 鉴定机构准备

（1）材料准备。

| 序号 | 材料名称 | 规格 | 数量 | 备注 |
|---|---|---|---|---|
| 1 | Q235－A | 65×45×14 | 1 | |
| 2 | Q235－A | 65×43×14 | 1 | |

备料图：

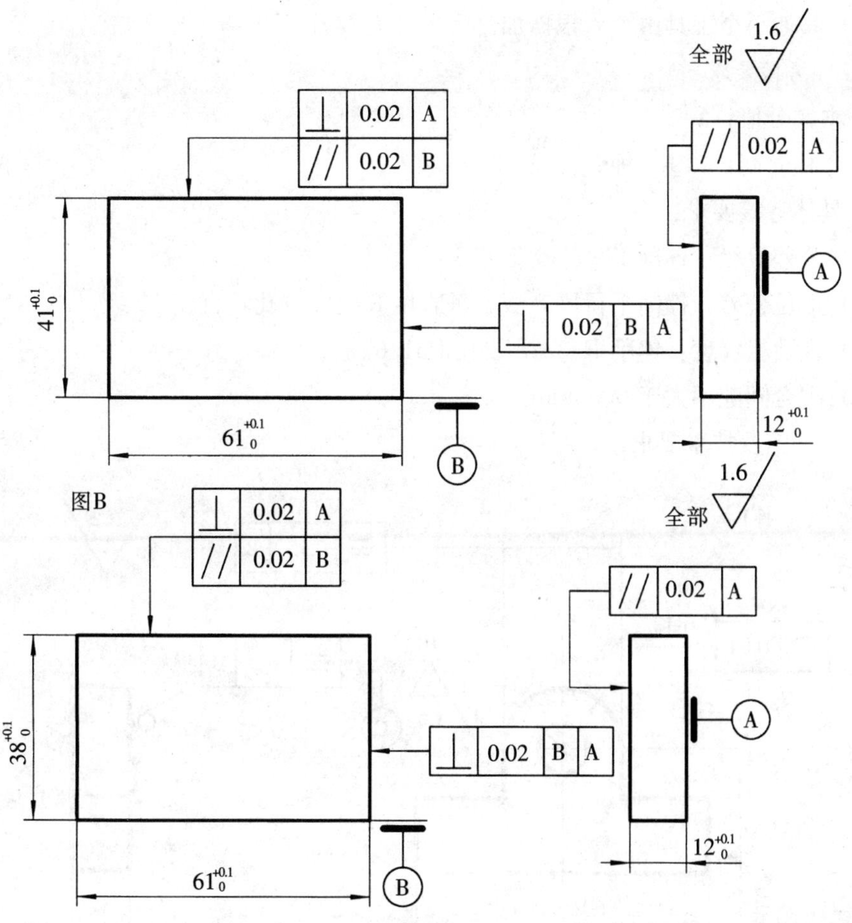


（2）设备准备。

| 序号 | 名　称 | 规　　格 | 序号 | 名　称 | 规　　格 |
|---|---|---|---|---|---|
| 1 | 划线平台 | 2000×1500 | 4 | 钳台 | 3000×2000 |
| 2 | 方箱 | 205×205×205 | 5 | 台虎钳 | 125 |
| 3 | 台式钻床 | Z4112 | 6 | 砂轮机 | S3SL－250 |

备注：划线平台、钻床、砂轮机、钳台及附件配套齐全，布局合理。

2. 考生准备

（1）工、量、刃具准备。

| 名　称 | 规　格 | 精度 | 数量 | 名　称 | 规　格 | 精度 | 数量 |
|---|---|---|---|---|---|---|---|
| 游标高度尺 | 0～300mm | 0.02 | 1 | 平锉 | 250mm（1 号纹） | | 1 |
| 游标卡尺 | 0～150mm | 0.02 | 1 | | 250mm（3 号纹） | | 1 |
| 万能角度尺 | 0°～320° | ±2′ | 1 | | 250mm（4 号纹） | | 1 |
| 钢直尺 | 0～150mm | | 1 | 钻头 | ϕ3、ϕ12 | | 各 1 |
| 刀口尺 | 125mm | 1 级 | 1 | | ϕ9.8 或 ϕ9.7 | | 1 |
| 直角尺 | 100×63mm | 1 级 | 1 | 圆锉 | 200mm（2 号纹） | | 1 |
| 塞尺 | 0.02～0.5 | | 1 | | 200mm（4 号纹） | | 1 |
| 铰刀 | ϕ10 | H7 | 1 | 钳工常用工具 | 手锤、手锯、划针、划规、样冲、软钳口、锉刀刷、錾子等 | | |

（2）其他小型工具由个人根据加工需求补充准备。

（二）考核要求

1. 本题分值：100 分。

2. 考核时间：240 分钟。

3. 具体考核要求：

（1）公差等级：锉削 IT9、铰孔 IT8。

（2）形位公差：锉削平行度 8 级、垂直度 8 级、铰孔垂直度 10 级。

（3）表面粗糙度：锉削 Ra3. 2. 铰孔 Ra1. 6。

（4）配合间隙不大于 0. 08mm。

4. 试题图及技术要求：

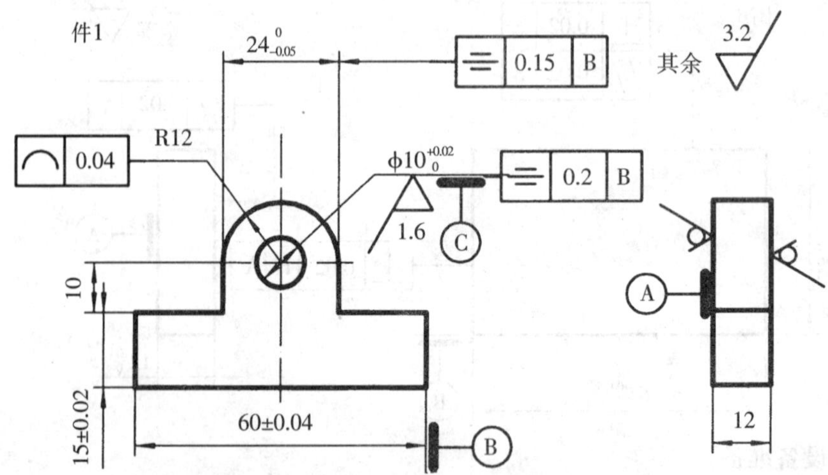


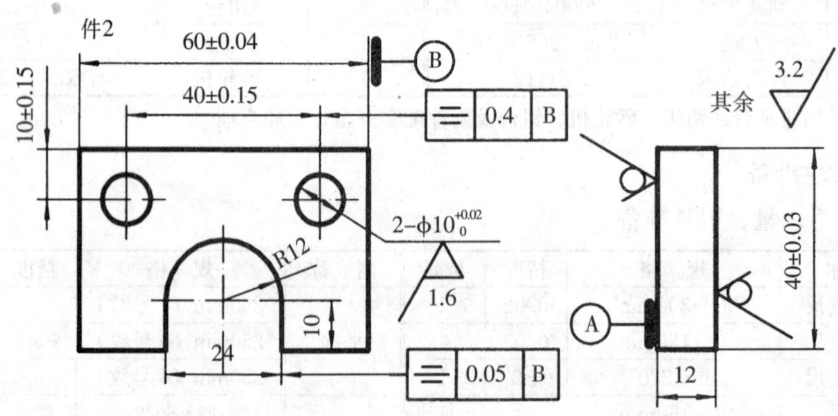


技术要求：

1.件2配合部分尺寸按件1配作，两件转位配合2次，配合间隙不大于0.08mm。

2.两件锉削面要求：平面度0.03；与基准A的垂直度0.03。

（三）圆弧配合操作技能评分表

| 序号 | 考核项目 | 考核要点 | 配分 | 评分标准 | 扣分 | 得分 |
|---|---|---|---|---|---|---|
| 1 | 锉配 | 60±0.04 | 6 | 超差不得分 | | |
| 2 | | 40±0.03 | 4 | 超差不得分 | | |
| 3 | | 15±0.02 | 6 | 超差不得分 | | |
| 4 | | $24_{-0.05}^{0}$ | 6 | 超差不得分 | | |
| 5 | | ⊥ 0.03 A | 4 | 超差不得分 | | |
| 6 | | ⌯ 0.15 B | 5 | 超差不得分 | | |
| 7 | | ⌒ 0.04 | 6 | 超差不得分 | | |
| 8 | | 配合间隙≤0.08 | 20 | 超差不得分 | | |
| 9 | | 侧边错位量≤0.1 | 4 | 超差不得分 | | |
| 10 | | 表面粗糙度 Ra3.2 | 8 | 升高一级不得分 | | |
| 11 | 铰孔 | $\phi10_{0}^{+0.02}$ | 6 | 超差不得分 | | |
| 12 | | 40±0.15 | 4 | 超差不得分 | | |
| 13 | | 10±0.15 | 4 | 超差不得分 | | |
| 14 | | ⌯ 0.2 B | 4 | 超差不得分 | | |
| 15 | | 表面粗糙度 Ra1.6 | 3 | 升高一级不得分 | | |
| 16 | 安全文明生产 | 正确执行国家有关安全技术操作规程及文明生产规定 | 4 | 违规扣 4 分 | | |
| 17 | 设备使用 | 各种相关及辅助设备的使用符合有关规定 | 3 | 违规扣 3 分 | | |
| 18 | 工、量具使用 | 各种工具、量具的使用符合有关规定 | 3 | 违规扣 3 分 | | |
| 合计 | | | 100 | | | |
| 否定项：造成设备严重损坏及人员重伤以上事故，考核全程否定，即按 0 分处理 | | | | | | |

评分人： 年 月 日 核分人： 年 月 日

试题 3. F 形配合

（一）准备要求

1. 鉴定机构准备

（1）材料准备。

| 序号 | 材料名称 | 规格 | 数量 | 备注 |
|---|---|---|---|---|
| 1 | Q235－A | 85×55×12 | 2 | |

备料图：

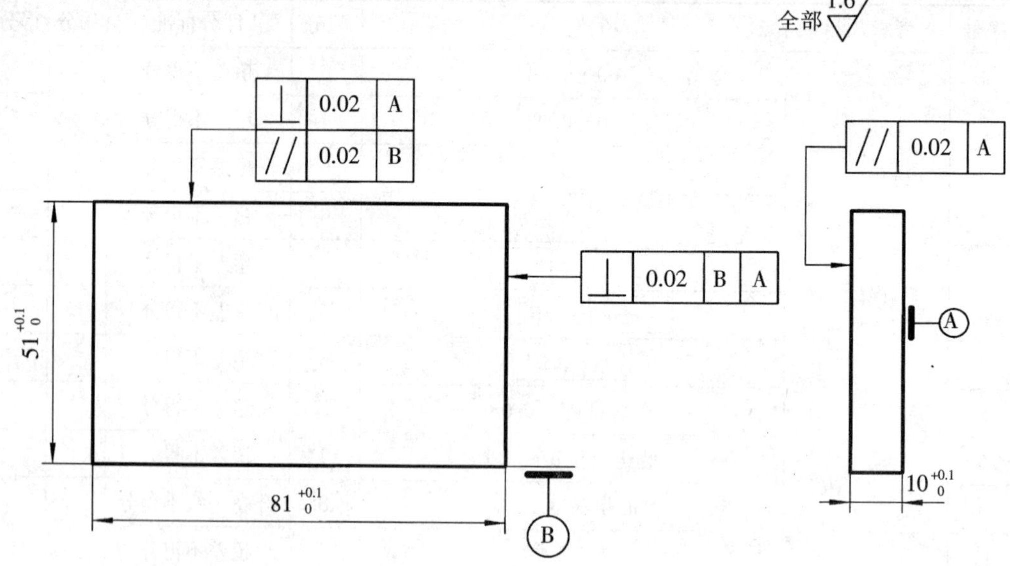


（2）设备准备。

| 序号 | 名 称 | 规 格 | 序号 | 名 称 | 规 格 |
|---|---|---|---|---|---|
| 1 | 划线平台 | 2000×1500 | 4 | 钳台 | 3000×2000 |
| 2 | 方箱 | 205×205×205 | 5 | 台虎钳 | 125 |
| 3 | 台式钻床 | Z4112 | 6 | 砂轮机 | S3SL－250 |

备注：划线平台、钻床、砂轮机、钳台及附件配套齐全，布局合理。

2. 考生准备

（1）工、量、刃具准备。

| 名 称 | 规 格 | 精度 | 数量 | 名 称 | 规 格 | 精度 | 数量 |
|---|---|---|---|---|---|---|---|
| 游标高度尺 | 0～300mm | 0.02 | 1 | 平锉 | 250mm（1号纹） | | 1 |
| 游标卡尺 | 0～150mm | 0.02 | 1 | | 250mm（3号纹） | | 1 |
| 万能角度尺 | 0°～320° | ±2′ | 1 | | 250mm（4号纹） | | 1 |
| 钢直尺 | 0～150mm | | 1 | 钻头 | ϕ3、ϕ12 | | 各1 |
| 刀口尺 | 125mm | 1级 | 1 | | ϕ9.8或ϕ9.7 | | 1 |
| 塞尺 | 0.02～0.5 | | 1 | 方锉 | 150mm（4号纹） | | 1 |
| 铰刀 | ϕ10 | H7 | 1 | 钳工常用工具 | 手锤、手锯、划针、划规、样冲、软钳口、锉刀刷、錾子等 | | |

（2）其他小型工具由个人根据加工需求补充准备。

（二）考核要求

1. 本题分值：100 分。

2. 考核时间：240 分钟。

3. 具体考核要求：

（1）公差等级：锉削 IT9、铰孔 IT8。

（2）形位公差：锉削平行度 8 级、垂直度 8 级、铰孔垂直度 10 级。

（3）表面粗糙度：锉削 Ra3. 2. 铰孔 Ra1. 6。

（4）配合间隙不大于 0. 08mm。

4. 试题图及技术要求：

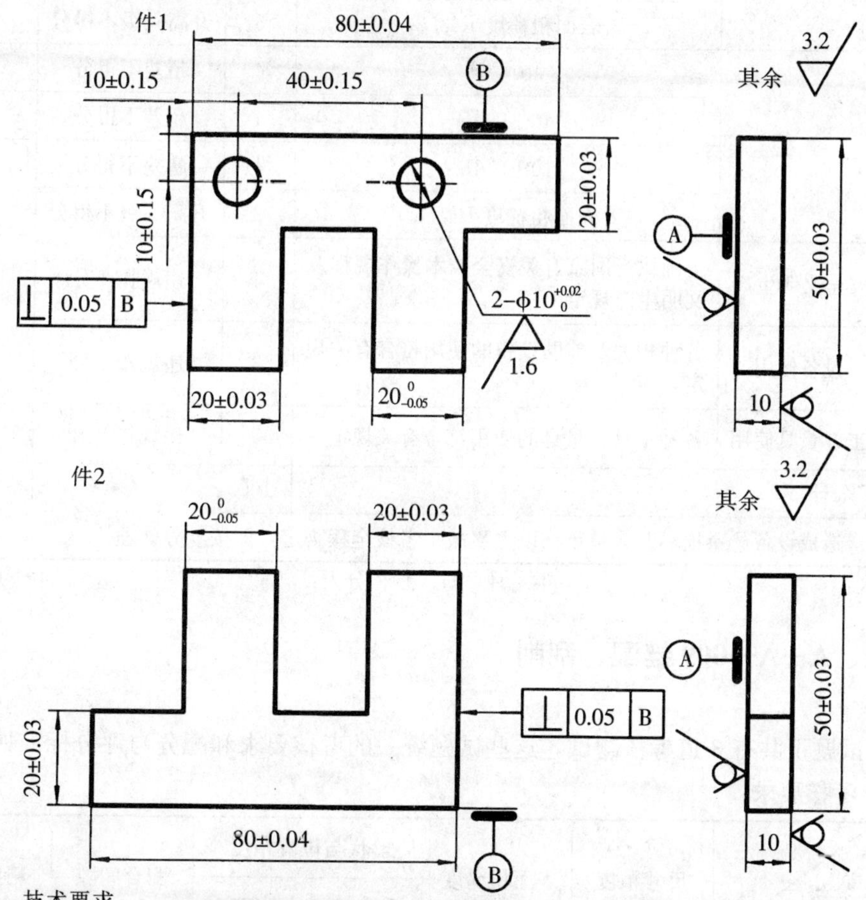


技术要求：

1.配合部分尺寸配作，配合间隙不大于0.08mm；两件配合后侧边错位量不大于0.03。

2.两件锉削面要求：平面度0.03；与基准A的垂直度0.03。

3.配合内角处可钻直径3mm以下工艺孔。

（三）F 形配合操作技能评分表

| 序号 | 考核项目 | 考核要点 | 配分 | 评分标准 | 扣分 | 得分 |
|---|---|---|---|---|---|---|
| 1 | 锉配 | 80±0.04 | 6 | 超差不得分 | | |
| 2 | | 50±0.03 | 8 | 超差不得分 | | |
| 3 | | 20±0.03 | 10 | 超差不得分 | | |
| 4 | | $20_{-0.05}^{0}$ | 10 | 超差不得分 | | |
| 5 | | ⊥ 0.05 B | 3 | 超差不得分 | | |
| 6 | | ⊥ 0.03 A | 5 | 超差不得分 | | |
| 7 | | 配合间隙≤0.08 | 25 | 超差不得分 | | |
| 8 | | 侧边错位量≤0.03 | 4 | 超差不得分 | | |
| 9 | | 表面粗糙度 Ra3.2 | 5 | 升高一级不得分 | | |
| 10 | 铰孔 | $\phi10_{0}^{+0.02}$ | 4 | 超差不得分 | | |
| 11 | | 40±0.15 | 4 | 超差不得分 | | |
| 12 | | 10±0.15 | 4 | 超差不得分 | | |
| 13 | | 表面粗糙度 Ra1.6 | 2 | 升高一级不得分 | | |
| 14 | 安全文明生产 | 正确执行国家有关安全技术操作规程及文明生产规定 | 4 | 违规扣 4 分 | | |
| 15 | 设备使用 | 各种相关及辅助设备的使用符合有关规定 | 3 | 违规扣 3 分 | | |
| 16 | 工、量具使用 | 各种工具、量具的使用符合有关规定 | 3 | 违规扣 3 分 | | |
| 合计 | | | 100 | | | |
| 否定项：造成设备严重损坏及人员重伤以上事故，考核全程否定，即按 0 分处理 | | | | | | |

评分人：　　　　　　　　　　年　月　日　　核分人：　　　　　　　　　年　月　日

## 九、A—A—009 锉配、刮削

本试题下共有 3 道考核题试，这些试题统一的考核要求和配分与评分标准如下：

**1. 考核要求**

| 公差等级 项目 / 考核内容 | 尺寸精度 | 表面粗糙度 | 形状与位置精度 | | 配合间隙 | 精度点数 |
|---|---|---|---|---|---|---|
| | | | 垂直度 | 平行度 | | |
| 锉削 | IT9<br>4 处以上 | Ra3.2<br>4 处以上 | 8 级<br>2 处以上 | 8 级<br>2 处以上 | | |
| 锉配 | IT9<br>4 处以上 | Ra3.2<br>4 处以上 | 8 级<br>2 处以上 | | ≤0.08mm | |
| 刮削 | IT6 | Ra1.6 | 7 级 | 7 级 | | 12 点/$25\times25^2$ |

**2. 配分与评分标准**

| 序号 | 考核内容 | 考 核 要 点 | 配分 | 评分标准 |
|---|---|---|---|---|
| 1 | 锉 削 | 公差等级 IT9 | 50 | 超差不得分 |
| 2 | | 形位公差：垂直度 8 级、平行度 8 级 | | 超差不得分 |
| 3 | | 表面粗糙度 Ra3.2 | | 升高一级不得分 |
| 4 | 刮 削 | 公差等级 IT6 | 10 | 超差不得分 |
| 5 | | 形位公差：垂直度 7 级、平行度 7 级 | | 超差不得分 |
| 6 | | 精度点数 12 点/25×25$mm^2$ | | 超差不得分 |
| 7 | 锉 配 | 配合间隙≤0.08mm | 30 | 超差不得分 |
| 10 | 安全文明生产 | 正确执行国家有关安全技术操作规程及文明生产规定 | 10 | 违规扣 4 分 |
| 11 | 设备使用 | 各种相关及辅助设备的使用符合有关规定 | | 违规扣 3 分 |
| 12 | 工、量具使用 | 各种工具、量具的使用符合有关规定 | | 违规扣 3 分 |
| 合计 | | | 100 | |
| 否定项：造成设备严重损坏及人员重伤以上事故，考核全程否定，即按 0 分处理 | | | | |

试题 1. 角度块配合

（一）准备要求

1. 鉴定机构准备

（1）材料准备。

| 序号 | 材 料 名 称 | 数 量 | 备 注 |
|---|---|---|---|
| 1 | Q235－A | 1 | |
| 1 | Q235－A | 1 | |

备料图：

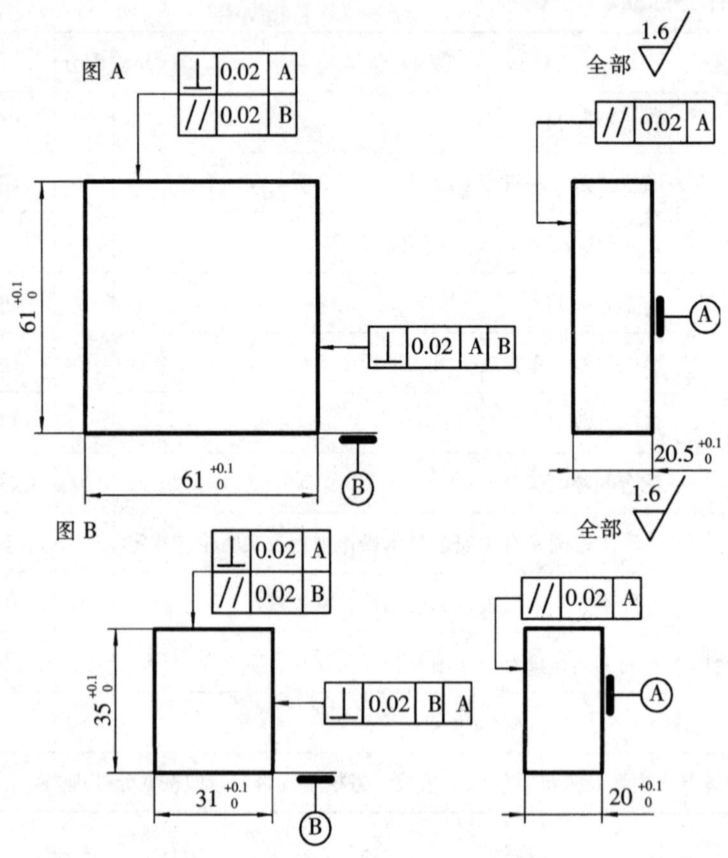


（2）设备准备。

| 序号 | 名 称 | 规 格 | 序号 | 名 称 | 规 格 |
|---|---|---|---|---|---|
| 1 | 划线平台 | 2000×1500 | 4 | 钳台 | 3000×2000 |
| 2 | 方箱 | 205×205×205 | 5 | 台虎钳 | 125 |
| 3 | 台式钻床 | Z4112 | 6 | 砂轮机 | S3SL－250 |
| 7 | 标准平板 | | | | |

备注：划线平台、钻床、砂轮机、钳台及附件配套齐全，布局合理。

2. 考生准备

（1）工、量、刃具准备。

| 名称 | 规格 | 精度 | 数量 | 名称 | 规格 | 精度 | 数量 |
|---|---|---|---|---|---|---|---|
| 游标高度尺 | 0～300mm | 0.02 | 1 | 平锉 | 250mm（1号纹） | | 1 |
| 游标卡尺 | 0～150mm | 0.02 | 1 | | 250mm（3号纹） | | 1 |
| 万能角度尺 | 0°～320° | ±2′ | 1 | | 250mm（4号纹） | | 1 |
| 钢直尺 | 0～150mm | | 1 | 钻头 | φ3 | | 1 |
| 刀口尺 | 125mm | 1级 | 1 | 三角锉 | 200mm（2号纹） | | 1 |
| 直角尺 | 100×63mm | 1级 | 1 | | 200mm（4号纹） | | 1 |
| 塞尺 | 0.02～0.5 | | 1 | 钳工常用工具 | 手锤、手锯、划针、划规、样冲、软钳口、锉刀刷、錾子等 | | |
| 平面刮刀 | | | 自备 | | | | |
| 千分尺 | 25～50 | 0.01 | 1 | | | | |

（2）其他小型工具由个人根据加工需求补充准备。

（二）考核要求

1. 本题分值：100分。

2. 考核时间：240分钟。

3. 具体考核要求：

（1）公差等级：锉削IT9、刮削IT6。

（2）形位公差：锉削平行度8级、垂直度8级，刮削垂直度7级、平行度7级。

（3）表面粗糙度：锉削Ra3.2。

（4）配合间隙不大于0.08mm。

（5）精度点数：≥12点/25×25$^2$。

4. 试题图及技术要求：

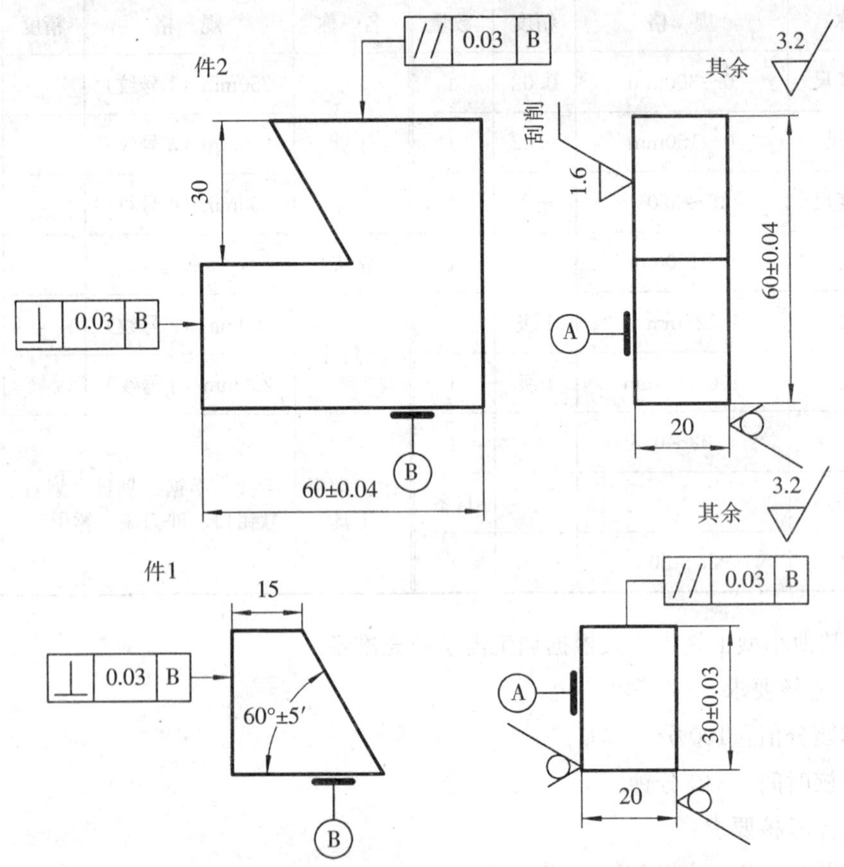


技术要求：
1.件2配合部分尺寸按件1配作，配合间隙不大于0.08mm；两件配合后侧边错位量不大于0.03。
2.两件锉削面要求：平面度0.03；与基准A的垂直度0.03。
3.配合内角处可钻直径3mm以下工艺孔。
4.刮削面要求达到12点以上/25×25²。

## （三）角度块配合操作技能评分表

| 序号 | 考核项目 | 考 核 要 点 | 配分 | 评分标准 | 扣分 | 得分 |
|---|---|---|---|---|---|---|
| 1 | 锉 配 | 60±0.04 | 12 | 超差不得分 | | |
| 2 | | 30±0.03 | 8 | 超差不得分 | | |
| 3 | | 60°±5′ | 8 | 超差不得分 | | |
| 4 | | ⊥ 0.03 B | 6 | 超差不得分 | | |
| 5 | | // 0.03 B | 6 | 超差不得分 | | |
| 6 | | ⊥ 0.03 A | 4 | 超差不得分 | | |
| 7 | | 配合间隙≤0.08 | 20 | 超差不得分 | | |
| 8 | | 侧边错位量≤0.03 | 4 | 每超0.01扣1分，扣完配分为止 | | |
| 9 | | 表面粗糙度 Ra3.2 | 4 | 升高一级不得分 | | |

续表

| 序号 | 考核项目 | 考 核 要 点 | 配分 | 评分标准 | 扣分 | 得分 |
|---|---|---|---|---|---|---|
| 10 | 刮削 | ≥12 点/25×25mm² | 14 | 低于 12 点不得分 | | |
| 11 | | 无刮削缺陷 | 4 | 有刮削缺陷扣 1～4分 | | |
| 12 | 安全文明生产 | 正确执行国家有关安全技术操作规程及文明生产规定 | 4 | 违规扣 4 分 | | |
| 13 | 设备使用 | 各种相关及辅助设备的使用符合有关规定 | 3 | 违规扣 3 分 | | |
| 14 | 工、量具使用 | 各种工具、量具的使用符合有关规定 | 3 | 违规扣 3 分 | | |
| 合计 | | | 100 | | | |
| 否定项：造成设备严重损坏及人员重伤以上事故，考核全程否定，即按 0 分处理 | | | | | | |

评分人：　　　　　　　　　　年　月　日　　核分人：　　　　　　　　　　年　月　日

试题 2. 长方块配合

（一）准备要求

1. 鉴定机构准备

（1）材料准备。

| 序号 | 材料名称 | 规格 | 数量 | 备注 |
|---|---|---|---|---|
| 1 | Q235－A | 55×35×22 | 1 | |
| 2 | Q235－A | 85×55×22 | 1 | |

备料图：

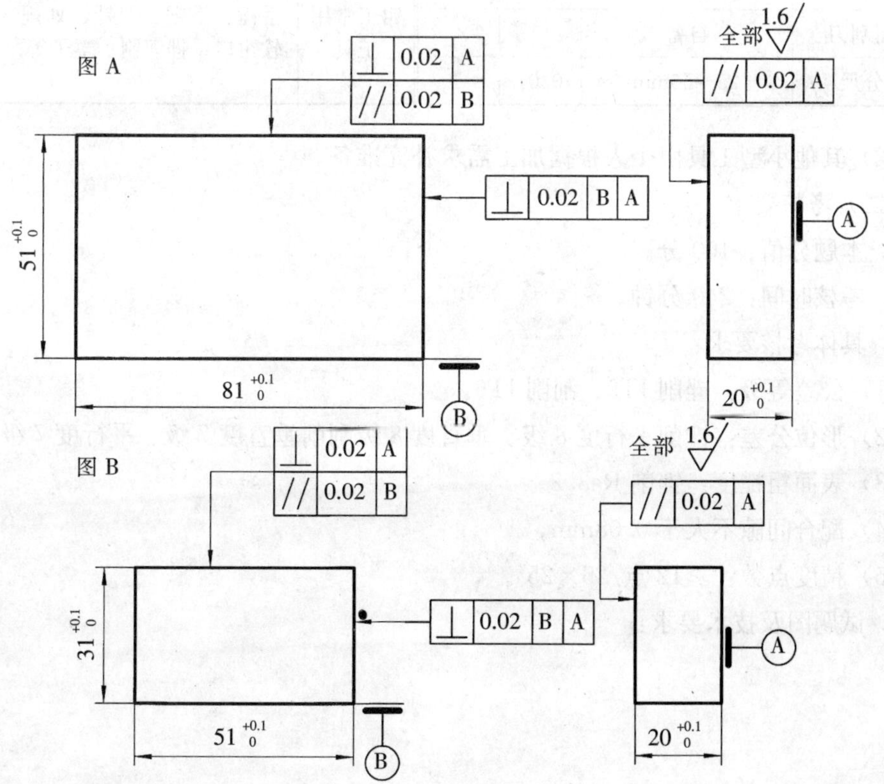

（2）设备准备。

| 序号 | 名 称 | 规 格 | 序号 | 名 称 | 规 格 |
|---|---|---|---|---|---|
| 1 | 划线平台 | 2000×1500 | 5 | 钳台 | 3000×2000mm |
| 2 | 方箱 | 205×205×205 | 6 | 台虎钳 | 125mm |
| 3 | 台式钻床 | Z4112 | 7 | 砂轮机 | S3SL－250 |
| 4 | 标准平板 | | | | |

备注：划线平台、钻床、砂轮机、钳台及附件配套齐全，布局合理。

2. 考生准备

（1）工、量、刃具准备。

<table>
<tr><th>名 称</th><th>规 格</th><th>精度</th><th>数量</th><th>名 称</th><th>规 格</th><th>精度</th><th>数量</th></tr>
<tr><td>游标高度尺</td><td>0～300mm</td><td>0.02</td><td>1</td><td rowspan="3">平锉</td><td>250mm（1号纹）</td><td></td><td>1</td></tr>
<tr><td>游标卡尺</td><td>0～150mm</td><td>0.02</td><td>1</td><td>250mm（3号纹）</td><td></td><td>1</td></tr>
<tr><td>万能角度尺</td><td>0°～320°</td><td>±2′</td><td>1</td><td>250mm（4号纹）</td><td></td><td>1</td></tr>
<tr><td>钢直尺</td><td>0～150mm</td><td></td><td>1</td><td>钻头</td><td>ϕ3</td><td></td><td>1</td></tr>
<tr><td>刀口尺</td><td>125mm</td><td>1级</td><td>1</td><td rowspan="2">方锉</td><td>200mm（2号纹）</td><td></td><td>1</td></tr>
<tr><td>直角尺</td><td>100×63mm</td><td>1级</td><td>1</td><td>200mm（4号纹）</td><td></td><td>1</td></tr>
<tr><td>塞尺</td><td>0.02～0.5</td><td></td><td>1</td><td rowspan="3">钳工常用工具</td><td colspan="3" rowspan="3">手锤、手锯、划针、划规、样冲、软钳口、锉刀刷、錾子等</td></tr>
<tr><td>平面刮刀</td><td>自备</td><td></td><td></td></tr>
<tr><td>千分尺</td><td>25～50mm</td><td>0.01</td><td>1</td></tr>
</table>

（2）其他小型工具由个人根据加工需求补充准备。

（二）考核要求

1. 本题分值：100分。

2. 考核时间：240分钟。

3. 具体考核要求：

（1）公差等级：锉削IT9、刮削IT6。

（2）形位公差：锉削平行度8级、垂直度8级刮削垂直度7级、平行度7级。

（3）表面粗糙度：锉削Ra3.2。

（4）配合间隙不大于0.08mm。

（5）精度点数：≥12点/$25\times25^2$。

4. 试题图及技术要求：

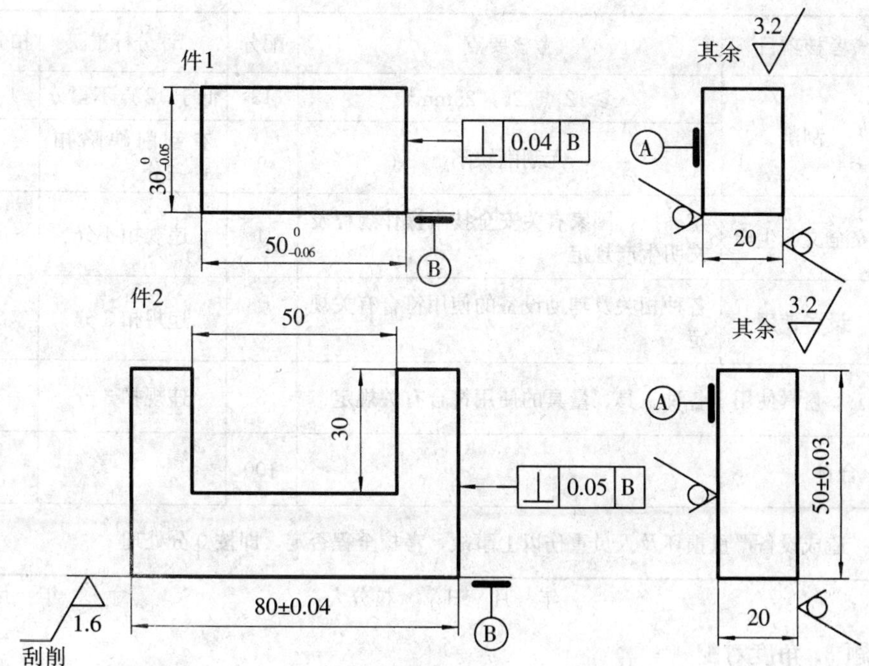


技术要求：
1. 件2配合部分尺寸按件1配作，配合转位4次，配合间隙不大于0.08毫米；两件配合开口处错位量不大于0.03。
2.两件锉削面要求：平面度0.03；与基准A的垂直度0.03。
3.配合内角处可钻直径3mm以下工艺孔。
4.刮削面要求达到12点以上/25×25²。

（三）长方块配合操作技能评分表

| 序号 | 考核项目 | 考核要点 | 配分 | 评分标准 | 扣分 | 得分 |
|---|---|---|---|---|---|---|
| 1 | 锉配 | 80±0.04 | 6 | 超差不得分 | | |
| 2 | | 50±0.03 | 6 | 超差不得分 | | |
| 3 | | $30^{0}_{-0.05}$ | 8 | 超差不得分 | | |
| 4 | | $50^{0}_{-0.06}$ | 8 | 超差不得分 | | |
| 5 | | ⊥ 0.04 B | 3 | 超差不得分 | | |
| 6 | | ⊥ 0.05 B | 3 | 超差不得分 | | |
| 7 | | ⊥ 0.03 A | 6 | 超差不得分 | | |
| 8 | | 配合间隙≤0.08 | 24 | 超差不得分 | | |
| 9 | | 侧边错位量≤0.03 | 4 | 每超0.01扣1分，扣完配分为止 | | |
| 10 | | 表面粗糙度 Ra3.2 | 6 | 升高一级不得分 | | |

续表

| 序号 | 考核项目 | 考核要点 | 配分 | 评分标准 | 扣分 | 得分 |
|---|---|---|---|---|---|---|
| 11 | 刮削 | ≥12 点/25×25mm² | 13 | 低于 12 点不得分 | | |
| 12 | | 无刮削缺陷 | 3 | 有刮削缺陷扣 1～3分 | | |
| 13 | 安全文明生产 | 正确执行国家有关安全技术操作规程及文明生产规定 | 4 | 违规扣 4 分 | | |
| 14 | 设备使用 | 各种相关及辅助设备的使用符合有关规定 | 3 | 违规扣 3 分 | | |
| 15 | 工、量具使用 | 各种工具、量具的使用符合有关规定 | 3 | 违规扣 3 分 | | |
| 合计 | | | 100 | | | |
| 否定项：造成设备严重损坏及人员重伤以上事故，考核全程否定，即按 0 分处理 | | | | | | |

评分人：　　　　　　　　　　年　月　日　　核分人：　　　　　　　　　　年　月　日

试题 3. 角度对配

（一）准备要求

1. 鉴定机构准备

（1）材料准备。

| 序号 | 材料名称 | 规格 | 数量 | 备注 |
|---|---|---|---|---|
| 1 | Q235－A | 65×55×22 | 2 | |

备料图：

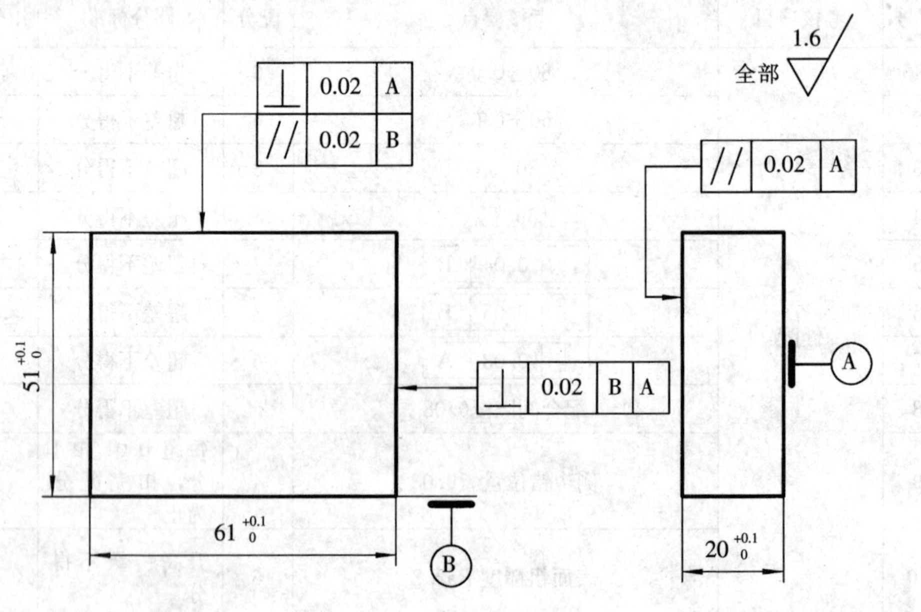

（2）设备准备。

| 序号 | 名　称 | 规　　格 | 序号 | 名　称 | 规　　格 |
|---|---|---|---|---|---|
| 1 | 划线平台 | 2000×1500 | 5 | 钳台 | 3000×2000 |
| 2 | 方箱 | 205×205×205 | 6 | 台虎钳 | 125 |
| 3 | 台式钻床 | Z4112 | 7 | 砂轮机 | S3SL－250 |
| 4 | 标准平板 | | | | |

备注：划线平台、钻床、砂轮机、钳台及附件配套齐全，布局合理。

2. 考生准备

（1）工、量、刃具准备。

| 名　称 | 规　格 | 精度 | 数量 | 名　称 | 规　格 | 精度 | 数量 |
|---|---|---|---|---|---|---|---|
| 游标高度尺 | 0～300mm | 0.02 | 1 | 平锉 | 250mm（1号纹） | | 1 |
| 游标卡尺 | 0～150mm | 0.02 | 1 | | 250mm（3号纹） | | 1 |
| 万能角度尺 | 0°～320° | ±2′ | 1 | | 250mm（4号纹） | | 1 |
| 钢直尺 | 0～150mm | | 1 | 钻头 | φ3 | | 1 |
| 刀口尺 | 125mm | 1级 | 1 | 三角锉 | 200mm（2号纹） | | 1 |
| 直角尺 | 100×63mm | 1级 | 1 | | 200mm（4号纹） | | 1 |
| 塞尺 | 0.02～0.5 | | 1 | 钳工常用工具 | 手锤、手锯、划针、划规、样冲、软钳口、锉刀刷、錾子等 | | |
| 刮刀 | 自备 | | | | | | |
| 千分尺 | 0～25mm | 0.01 | 1 | | | | |
| | 25～50mm | 0.01 | 1 | | | | |

（2）其他小型工具由个人根据加工需求补充准备。

（二）考核要求

1. 本题分值：100分。

2. 考核时间：240分钟。

3. 具体考核要求：

（1）公差等级：锉削IT9、刮削IT6。

（2）形位公差：锉削平行度8级、垂直度8级，刮削垂直度7级、平行度7级。

（3）表面粗糙度：锉削Ra3.2。

（4）配合间隙不大于0.08mm。

（5）精度点数：≥12点/$25\times25^2$。

4. 试题图及技术要求：

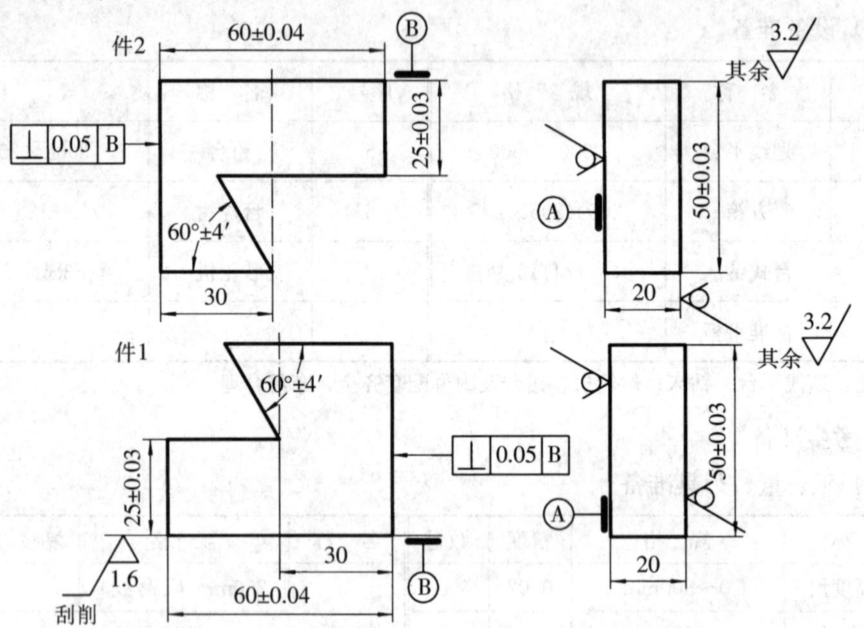


技术要求：

1.件2配合部分尺寸按件1配作，配合间隙不大于0.08mm；两件侧边错位量不大于0.03。

2.两件锉削面要求：平面度0.03；与基准A的垂直度0.03。

3.配合内角处可钻直径3mm以下工艺孔。

4.刮削面要求达到12点以上/25×25²。

（三）角度对配操作技能评分表

| 序号 | 考核项目 | 考核要点 | 配分 | 评分标准 | 扣分 | 得分 |
|---|---|---|---|---|---|---|
| 1 | 锉配 | 60±0.04 | 10 | 超差不得分 | | |
| 2 | | 50±0.03 | 10 | 超差不得分 | | |
| 3 | | 25±0.03 | 8 | 超差不得分 | | |
| 4 | | 60°±4′ | 12 | 超差不得分 | | |
| 5 | | ⊥ 0.05 B | 6 | 超差不得分 | | |
| 6 | | ⊥ 0.03 A | 6 | 超差不得分 | | |
| 7 | | 配合间隙≤0.08 | 18 | 超差不得分 | | |
| 8 | | 侧边错位量≤0.03 | 2 | 每超0.01扣1分，扣完配分为止 | | |
| 9 | | 表面粗糙度 Ra3.2 | 6 | 升高一级不得分 | | |
| 10 | 刮削 | ≥12点/25×25mm² | 9 | 低于12点不得分 | | |
| 11 | | 无刮削缺陷 | 3 | 有刮削缺陷扣1~3分 | | |
| 12 | 安全文明生产 | 正确执行国家有关安全技术操作规程及文明生产规定 | 4 | 违规扣4分 | | |
| 13 | 设备使用 | 各种相关及辅助设备的使用符合有关规定 | 3 | 违规扣3分 | | |
| 14 | 工、量具使用 | 各种工具、量具的使用符合有关规定 | 3 | 违规扣3分 | | |
| 合计 | | | 100 | | | |
| 否定项：造成设备严重损坏及人员重伤以上事故，考核全程否定，即按0分处理 | | | | | | |

评分人：　　　　　　　　年　月　日　　核分人：　　　　　　　　年　月　日

# 第二节 装配操作

## 一、A—B—001 减速器的装配与调整

本鉴定点下共有2道考核试题。

试题1. 二级圆柱齿轮减速器装配

(一) 准备要求

1. 考场准备

根据考试题目、图纸及技术要求，考场应准备装配用的起吊设备（吊车司机和指挥人员）、照明及辅助设施等，如清洗设施、升（降）温设施、平衡设施、吊具、清洗液、油类、润滑脂、棉纱等。

2. 考生准备

(1) 考件准备：根据考试题目及图纸中明细表准备全部待装零（部）件。

(2) 工、量、刃具和其他准备：由考生根据考试题目、图纸及技术要求自备，不再列工、量、刃具准备清单。考试过程中，考生寻找用具所用时间计入考试时间。

提示：工、量、刃具和其他准备包括：各类扳手（如活扳手、呆扳手、内六角扳手、扭矩扳手等)、旋具（如一字改锥、十字改锥、通芯改锥等)、钳子、弹簧卡圈钳、手锤、铜棒、锉刀、刮刀、钢刷、毛刷、手灯、装配轴承用钢套、量具（如游标卡尺、千分尺、深度尺、百分表、塞尺、平尺、方尺、直角尺、垫铁、检验棒及检验桥板等)、量仪（如水平仪、光学平直仪、测微准直望远镜、经纬仪等)、检具（如平尺、角尺等）及其他必备用品。

3. 考试日期：　　　　年　　　月　　　日

4. 考场地址：

注：考试题目及准备要求应提前通知鉴定所及考生。

(二) 考核要求

1. 本题分值100分。

2. 考核时间：240分钟。

3. 根据二级圆柱齿轮减速器装配图及技术要求完成装配；装配完成后进行调整、检测及试车达到图纸及技术要求。

4. 图纸及技术要求：

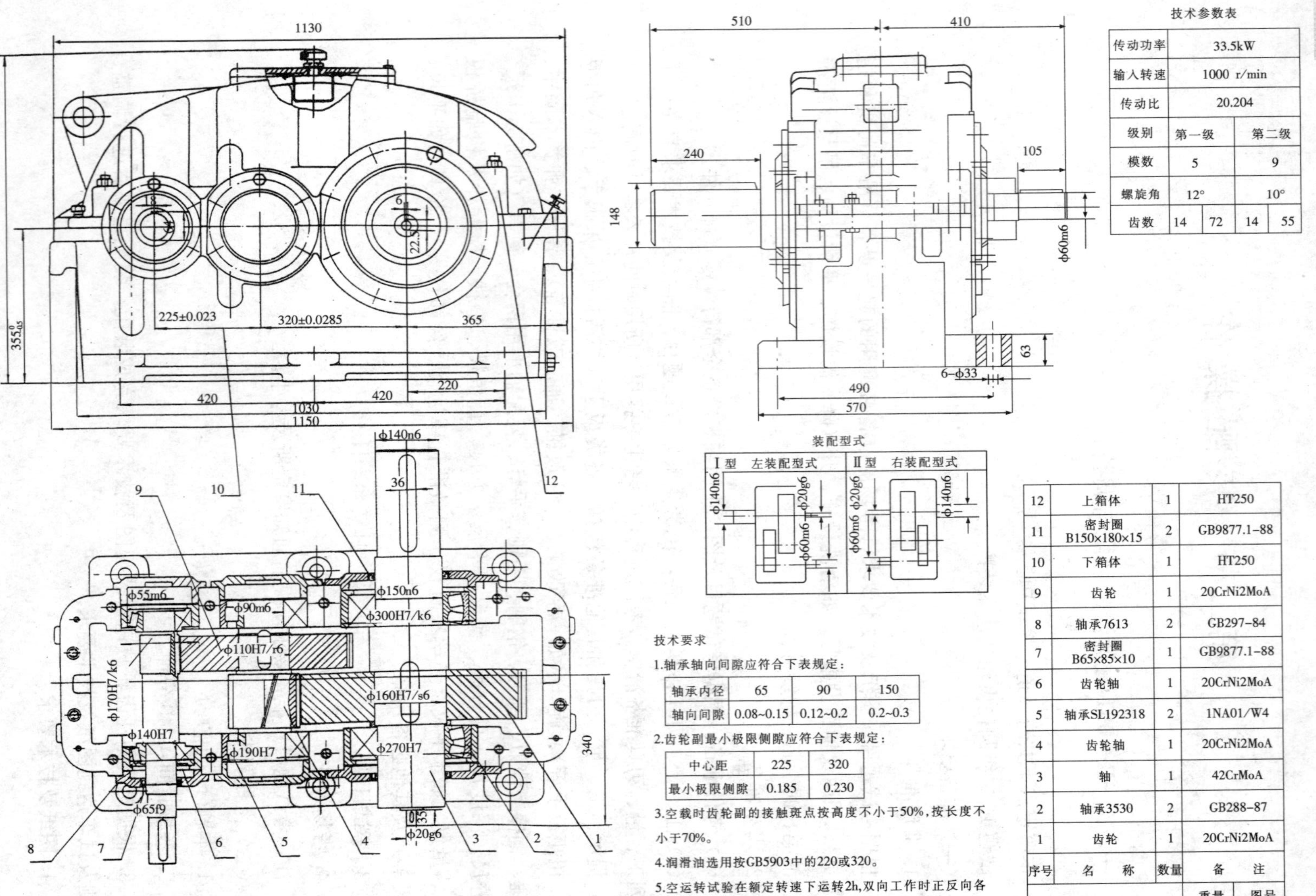


技术参数表

| 传动功率 | 33.5kW | | | |
|---|---|---|---|---|
| 输入转速 | 1000 r/min | | | |
| 传动比 | 20.204 | | | |
| 级别 | 第一级 | | 第二级 | |
| 模数 | 5 | | 9 | |
| 螺旋角 | 12° | | 10° | |
| 齿数 | 14 | 72 | 14 | 55 |

技术要求

1.轴承轴向间隙应符合下表规定：

| 轴承内径 | 65 | 90 | 150 |
|---|---|---|---|
| 轴向间隙 | 0.08~0.15 | 0.12~0.2 | 0.2~0.3 |

2.齿轮副最小极限侧隙应符合下表规定：

| 中心距 | 225 | 320 |
|---|---|---|
| 最小极限侧隙 | 0.185 | 0.230 |

3.空载时齿轮副的接触斑点按高度不小于50%，按长度不小于70%。

4.润滑油选用按GB5903中的220或320。

5.空运转试验在额定转速下运转2h，双向工作时正反向各运转1h，要求各联接件、紧固件不松动，密封处、结合处不渗油，运转平稳，无冲击，温升正常，齿面接触斑点合格。

| 12 | 上箱体 | 1 | HT250 | |
|---|---|---|---|---|
| 11 | 密封圈 B150×180×15 | 2 | GB9877.1-88 | |
| 10 | 下箱体 | 1 | HT250 | |
| 9 | 齿轮 | 1 | 20CrNi2MoA | |
| 8 | 轴承7613 | 2 | GB297-84 | |
| 7 | 密封圈 B65×85×10 | 1 | GB9877.1-88 | |
| 6 | 齿轮轴 | 1 | 20CrNi2MoA | |
| 5 | 轴承SL192318 | 2 | 1NA01/W4 | |
| 4 | 齿轮轴 | 1 | 20CrNi2MoA | |
| 3 | 轴 | 1 | 42CrMoA | |
| 2 | 轴承3530 | 2 | GB288-87 | |
| 1 | 齿轮 | 1 | 20CrNi2MoA | |
| 序号 | 名　称 | 数量 | 备　注 | |
| 二级圆柱齿轮减速器（二） | | | 重量 | 图号 |
| | | | 678 | 1.3.1 |

（三）二级圆柱齿轮减速器零（部）件明细表

| 序号 | 名称 | 数量 | 备注 | 序号 | 名称 | 数量 | 备注 |
|---|---|---|---|---|---|---|---|
| 1 | 齿轮 | 1 | | 7 | 密封圈 B65×85×10 | 1 | |
| 2 | 轴承 3530 | 2 | | 8 | 轴承 7613 | 2 | |
| 3 | 轴 | 1 | | 9 | 齿轮 | 1 | |
| 4 | 齿轮轴 | 1 | | 10 | 下箱体 | 1 | |
| 5 | 轴承 SL192318 | 2 | | 11 | 密封圈 B150×180×15 | 2 | |
| 6 | 齿轮轴 | 1 | | 12 | 上箱体 | 1 | |

（四）二级圆柱齿轮减速器装配操作技能评分表

| 序号 | 考核项目 | 考核要点 | 配分 | 评分标准 | 扣分 | 得分 |
|---|---|---|---|---|---|---|
| 1 | 准备工作 | 待装零件准备配套齐全 | 2 | 待装件准备不充分不得分 | | |
| 2 | | 装配工具及设备等准备充分 | 2 | 工具及设备准备不充分不得分 | | |
| 3 | | 待装重要零件及配合件检测 | 2 | 重要零件及配合件不检测不得分 | | |
| 4 | | 对待装零件进行清理 | 2 | 对待装零件不进行清理不得分 | | |
| 5 | | 对待装零件进行清洗 | 2 | 对待装零件不进行清洗不得分 | | |
| 6 | 装配 | 按装配技术要求安排好装配顺序 | 15 | 装配顺序不正确不得分 | | |
| 7 | | 装配方法选择合理 | 10 | 装配方法选择不合理酌情扣 1～10 分 | | |
| 8 | | 调整方法正确 | 15 | 调整方法不正确酌情扣 1～15 分 | | |
| 9 | 检验与试运转 | 轴承内径是 65mm 的轴向间隙允差≤0.15 | 6 | 不符合要求不得分 | | |
| 10 | | 轴承内径是 90mm 的轴向间隙允差≤0.2 | 6 | 不符合要求不得分 | | |
| 11 | | 轴承内径是 150mm 的轴向间隙允差≤0.3 | 4 | 不符合要求不得分 | | |
| 12 | | 中心距是 225mm 的齿轮副最小极限侧隙允差≤0.185mm | 6 | 超差不得分 | | |
| 13 | | 中心距是 320mm 的齿轮副最小极限侧隙允差≤0.23mm | 6 | 超差不得分 | | |
| 14 | | 转动灵活无阻滞现象 | 4 | 转动不灵活有阻滞现象扣 4 分 | | |
| 15 | | 运转平稳、噪声达到标准要求 | 4 | 运转不平稳扣 2 分、噪声达不到标准要求扣 2 分 | | |
| 16 | | 运转后温升达到标准要求 | 4 | 运转后温升达不到标准要求不得分 | | |

续表

| 序号 | 考核项目 | 考核要点 | 配分 | 评分标准 | 扣分 | 得分 |
|---|---|---|---|---|---|---|
| 17 | 现场考核 | 安全文明生产 | 4 | 违规酌情扣 1～4 分 | | |
| 18 | | 设备使用正确 | 3 | 违规扣除 3 分 | | |
| 19 | | 各种工、量具的使用正确 | 3 | 违规扣除 3 分 | | |
| 合计 | | | 100 | | | |
| 否定项：造成设备严重损坏及人员重伤以上事故，考核全程否定，即按 0 分处理 | | | | | | |

评分人：　　　　　　　　　　年　月　日　　核分人：　　　　　　　　　　年　月　日

试题 2. 一级圆柱齿轮减速器装配

（一）准备要求

1. 考场准备

根据考试题目、图纸及技术要求，考场应准备装配用的起吊设备（吊车司机和指挥人员）、照明及辅助设施等，如清洗设施、升（降）温设施、平衡设施、吊具、清洗液、油类、润滑脂、棉纱等。

2. 考生准备

(1) 考件准备：根据考试题目及图纸中明细表准备全部待装零（部）件。

(2) 工、量、刃具和其他准备：由考生根据考试题目、图纸及技术要求自备，不再列工、量、刃具准备清单。考试过程中，考生寻找用具所用时间计入考试时间。

提示：工、量、刃具和其他准备包括：各类扳手（如活扳手、呆扳手、内六角扳手、扭矩扳手等）、旋具（如一字改锥、十字改锥、通芯改锥等）、钳子、弹簧卡圈钳、手锤、铜棒、锉刀、刮刀、钢刷、毛刷、手灯、装配轴承用钢套、量具（如游标卡尺、千分尺、深度尺、百分表、塞尺、平尺、方尺、直角尺、垫铁、检验棒及检验桥板等）、量仪（如水平仪、光学平直仪、测微准直望远镜、经纬仪等）及其他必备用品。

3. 考试日期：　　　　年　　　月　　　日

4. 考场地址：

注：考试题目及准备要求应提前通知鉴定所及考生。

（二）考核要求

1. 本题分值：100 分。

2. 考核时间：240 分钟。

3. 根据一级圆柱齿轮减速器装配图及技术要求完成装配；装配完成后进行调整、检测及试车达到图纸及技术要求。

4. 图纸及技术要求：

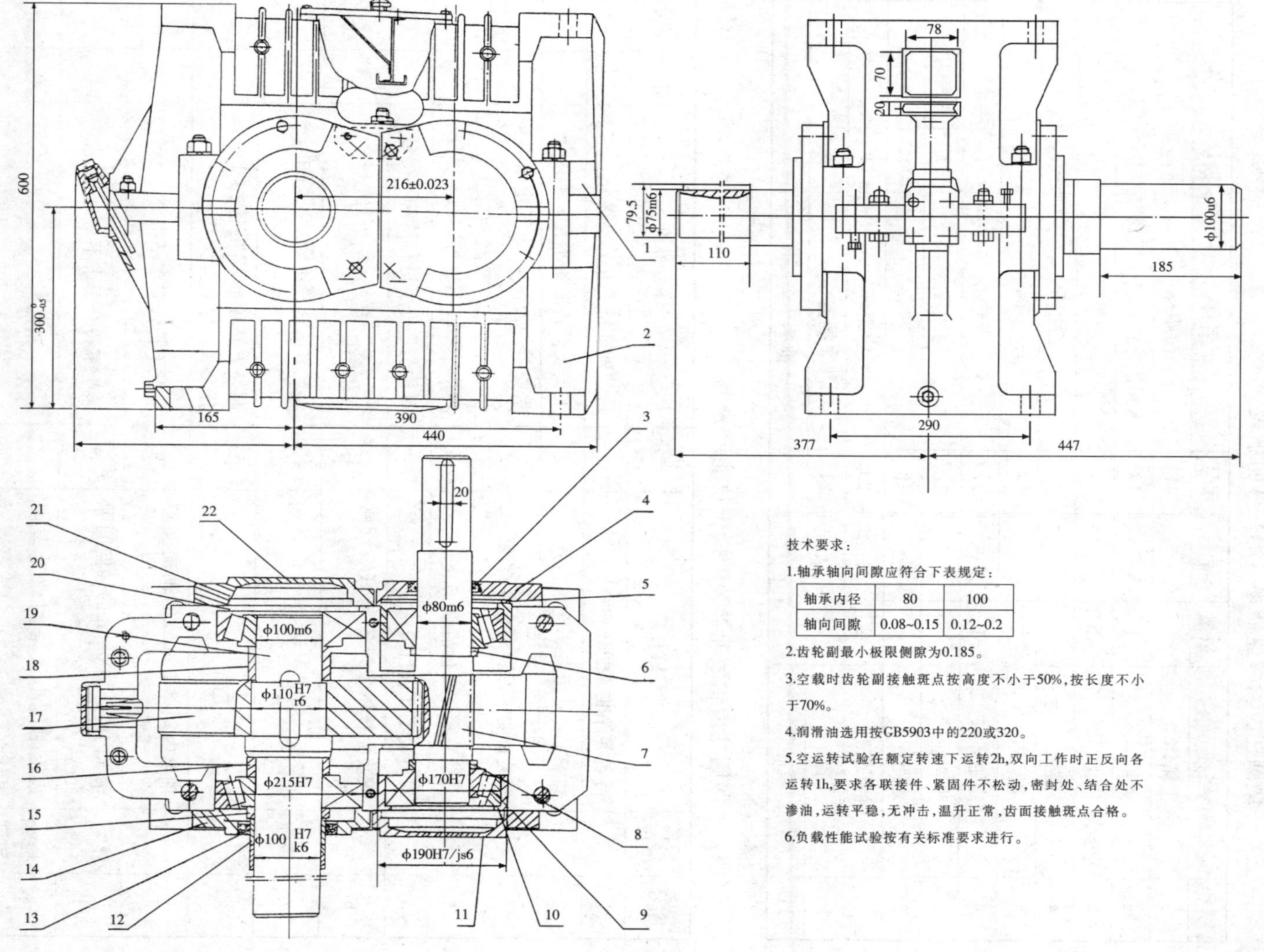


技术要求：

1.轴承轴向间隙应符合下表规定：

| 轴承内径 | 80 | 100 |
|---|---|---|
| 轴向间隙 | 0.08~0.15 | 0.12~0.2 |

2.齿轮副最小极限侧隙为0.185。

3.空载时齿轮副接触斑点按高度不小于50%，按长度不小于70%。

4.润滑油选用按GB5903中的220或320。

5.空运转试验在额定转速下运转2h，双向工作时正反向各运转1h，要求各联接件、紧固件不松动，密封处、结合处不渗油，运转平稳，无冲击，温升正常，齿面接触斑点合格。

6.负载性能试验按有关标准要求进行。

（三）一级圆柱齿轮减速器零（部）件明细表

| 序号 | 名称 | 数量 | 备注 | 序号 | 名称 | 数量 | 备注 |
|---|---|---|---|---|---|---|---|
| 1 | 上箱体 | 1 | | 12 | 定距环 | 1 | |
| 2 | 下箱体 | 1 | | 13 | 密封圈 B115×140×12 | 6 | |
| 3 | 密封圈 B80×100×10 | 1 | | 14 | 透盖 | 1 | |
| 4 | 透盖 | 1 | | 15 | 定距环 | 1 | |
| 5 | 定距环 | 1 | | 16 | 定距环 | 1 | |
| 6 | 定距环 | 1 | | 17 | 齿轮 | 1 | |
| 7 | 齿轮轴 | 1 | | 18 | 定距环 | 1 | |
| 8 | 定距环 | 1 | | 19 | 轴 | 1 | |
| 9 | 轴承 7516 | 2 | | 20 | 定距环 | 1 | |
| 10 | 套 | 1 | | 21 | 端盖 | 1 | |
| 11 | 端盖 | 1 | | 22 | 轴承 7520 | 1 | |

（四）一级圆柱齿轮减速器装配操作技能评分表

| 序号 | 考核项目 | 考核要点 | 配分 | 评分标准 | 扣分 | 得分 |
|---|---|---|---|---|---|---|
| 1 | 准备工作 | 待装零件准备配套齐全 | 2 | 待装件准备不充分不得分 | | |
| 2 | | 装配工具及设备等准备充分 | 2 | 工具及设备准备不充分不得分 | | |
| 3 | | 待装重要零件及配合件检测 | 2 | 重要零件及配合件不检测不得分 | | |
| 4 | | 对待装零件进行清理 | 2 | 对待装零件不进行清理不得分 | | |
| 5 | | 对待装零件进行清洗 | 2 | 对待装零件不进行清洗不得分 | | |
| 6 | 装配 | 按装配技术要求安排好装配顺序 | 15 | 装配顺序不正确不得分 | | |
| 7 | | 装配方法选择合理 | 10 | 装配方法选择不合理酌情扣 1～10 分 | | |
| 8 | | 调整方法正确 | 15 | 调整方法不正确酌情扣 1～15 分 | | |
| 9 | 检验与试运转 | 轴承内径是 80mm 的轴向间隙允差≤0.15 | 9 | 装配不符合要求不得分 | | |
| 10 | | 轴承内径是 100mm 的轴向间隙允差≤0.2 | 9 | 装配不符合要求不得分 | | |
| 11 | | 齿轮副最小极限侧隙允差≤0.185 | 10 | 超差不得分 | | |
| 12 | | 转动灵活无阻滞现象 | 4 | 转动不灵活有阻滞现象扣 4 分 | | |
| 13 | | 运转平稳、噪声达到标准要求 | 4 | 运转不平稳扣 2 分、噪声达不到标准要求扣 2 分 | | |
| 14 | | 运转后温升达到标准要求 | 4 | 运转后温升达不到标准要求不得分 | | |

续表

| 序号 | 考核项目 | 考核要点 | 配分 | 评分标准 | 扣分 | 得分 |
|---|---|---|---|---|---|---|
| 15 | 现场考核 | 安全文明生产 | 4 | 违规酌情扣 1～4 分 | | |
| 16 | | 设备使用正确 | 3 | 违规扣除 3 分 | | |
| 17 | | 各种工、量具的使用正确 | 3 | 违规扣除 3 分 | | |
| 合计 | | | 100 | | | |
| 否定项：造成设备严重损坏及人员重伤以上事故，考核全程否定，即按 0 分处理 | | | | | | |

评分人：　　　　　　　　　　年　月　日　核分人：　　　　　　　　　　年　月　日

## 二、A—B—002 Z 型立钻主轴部件的装配

试题、Z 型立钻主轴部件的装配

（一）准备要求

1. 考场准备

根据考试题目、图纸及技术要求，考场应准备装配用的起吊设备（吊车司机和指挥人员）、照明及辅助设施等，如清洗设施、升（降）温设施、平衡设施、吊具、清洗液、油类、润滑脂、棉纱等。

2. 考生准备

（1）考件准备：根据考试题目及图纸中明细表准备全部待装零（部）件。

（2）工、量、刃具和其他准备：由考生根据考试题目、图纸及技术要求自备，不再列工、量、刃具准备清单。考试过程中，考生寻找用具所用时间计入考试时间。

提示：工、量、刃具和其他准备包括：各类扳手（如活扳手、呆扳手、内六角扳手、扭矩扳手等）、旋具（如一字改锥、十字改锥、通芯改锥等）、钳子、弹簧卡圈钳、手锤、铜棒、锉刀、刮刀、钢刷、毛刷、手灯、装配轴承用钢套、量具（如游标卡尺、千分尺、深度尺、百分表、塞尺、平尺、方尺、直角尺、垫铁、检验棒及检验桥板等）、量仪（如水平仪、光学平直仪、测微准直望远镜、经纬仪等）及其他必备用品。

3. 考试日期：　　　　年　　　月　　　日

4. 考场地址：

注：考试题目及准备要求应提前三天通知鉴定所及考生。

（二）考核要求

1. 本题分值：100 分。

2. 考核时间：240 分钟。

3. 根据 Z525 型立钻主轴部件的装配图及技术要求完成装配；装配完成后进行调整、检测及试车达到图纸及技术要求。

4. 图纸及技术要求：

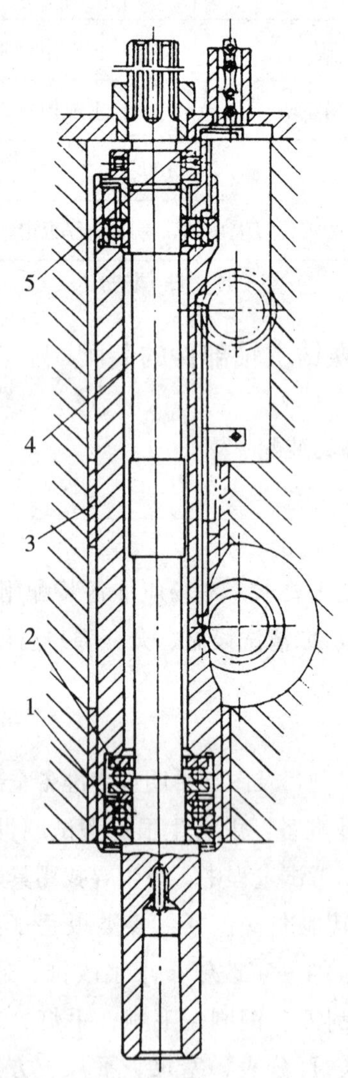


（三）Z525 型立钻主轴部件装配零（部）件明细表

| 序号 | 名称 | 数量 | 备注 | 序号 | 名称 | 数量 | 备注 |
|---|---|---|---|---|---|---|---|
| 1 | 深沟球轴承 | 2 | | 4 | 推力球轴承 | 1 | |
| 2 | 主轴 | 1 | | 5 | 链条 | 1 | |
| 3 | 主轴套筒 | 1 | | | | | |

（四）Z525 型立钻主轴部件的装配操作技能评分表

<table>
<tr><th>序号</th><th>考核项目</th><th colspan="2">考核要点</th><th>配分</th><th>评分标准</th><th>扣分</th><th>得分</th></tr>
<tr><td>1</td><td rowspan="5">准备工作</td><td colspan="2">待装零件准备配套齐全</td><td>2</td><td>待装件准备不充分不得分</td><td></td><td></td></tr>
<tr><td>2</td><td colspan="2">装配工具及设备等准备充分</td><td>2</td><td>工具及设备准备不充分不得分</td><td></td><td></td></tr>
<tr><td>3</td><td colspan="2">待装重要零件及配合件检测</td><td>2</td><td>重要零件及配合件不检测不得分</td><td></td><td></td></tr>
<tr><td>4</td><td colspan="2">对待装零件进行清理</td><td>2</td><td>对待装零件不进行清理不得分</td><td></td><td></td></tr>
<tr><td>5</td><td colspan="2">对待装零件进行清洗</td><td>2</td><td>对待装零件不进行清洗不得分</td><td></td><td></td></tr>
<tr><td>6</td><td rowspan="3">装配</td><td colspan="2">按装配技术要求安排好装配顺序</td><td>15</td><td>装配顺序不正确不得分</td><td></td><td></td></tr>
<tr><td>7</td><td colspan="2">装配方法选择合理</td><td>10</td><td>装配方法选择不合理酌情扣1～10分</td><td></td><td></td></tr>
<tr><td>8</td><td colspan="2">调整方法正确</td><td>15</td><td>调整方法不正确酌情扣1～15分</td><td></td><td></td></tr>
<tr><td rowspan="2">9</td><td rowspan="9">检验与试运转</td><td rowspan="2">主轴锥孔轴线对两轴颈的径向跳动</td><td>靠近主轴端面≤0.01mm</td><td rowspan="2">10</td><td rowspan="2">超差不得分</td><td rowspan="2"></td><td rowspan="2"></td></tr>
<tr><td>距主轴端面300mm处≤0.02mm</td></tr>
<tr><td>10</td><td colspan="2">两轴颈的圆柱度允差≤0.003mm</td><td>5</td><td>超差不得分</td><td></td><td></td></tr>
<tr><td>11</td><td colspan="2">圆锥孔的接触精度，接触应靠近大端，从锥体大端起，在接触比值的75%以内，不允许有空白区</td><td>4</td><td>超差不得分</td><td></td><td></td></tr>
<tr><td>12</td><td colspan="2">主轴支撑轴肩的端面圆跳动允差≤0.006mm</td><td>5</td><td>超差不得分</td><td></td><td></td></tr>
<tr><td>13</td><td colspan="2">花键大径对两轴承颈的径向跳动允差≤0.06mm</td><td>4</td><td>超差不得分</td><td></td><td></td></tr>
<tr><td>14</td><td colspan="2">转动灵活无阻滞现象</td><td>4</td><td>转动不灵活有阻滞现象扣2分</td><td></td><td></td></tr>
<tr><td>15</td><td colspan="2">运转平稳、噪声达到标准要求</td><td>4</td><td>运转不平稳扣3分、噪声达不到标准要求扣2分</td><td></td><td></td></tr>
<tr><td>16</td><td colspan="2">运转后温升达到标准要求</td><td>4</td><td>运转后温升达不到标准要求不得分</td><td></td><td></td></tr>
<tr><td>17</td><td rowspan="3">现场考核</td><td colspan="2">安全文明生产</td><td>4</td><td>违规酌情扣1～4分</td><td></td><td></td></tr>
<tr><td>18</td><td colspan="2">设备使用正确</td><td>3</td><td>违规扣除3分</td><td></td><td></td></tr>
<tr><td>19</td><td colspan="2">各种工、量具的使用正确</td><td>3</td><td>违规扣除3分</td><td></td><td></td></tr>
<tr><td colspan="2">合计</td><td colspan="2"></td><td>100</td><td></td><td></td><td></td></tr>
<tr><td colspan="8">否定项：造成设备严重损坏及人员重伤以上事故，考核全程否定，即按0分处理</td></tr>
</table>

评分人：　　　　　　　　年　月　日　　核分人：　　　　　　　　年　月　日

## 三、A－B－003 台钻主轴部件的装配

试题、台钻主轴的装配

（一）准备要求

1. 考场准备

根据考试题目、图纸及技术要求，考场应准备装配用的照明及辅助设施等，如清洗设施、升（降）温设施、平衡设施、吊具、清洗液、油类、润滑脂、棉纱等。

2. 考生准备

（1）考件准备：根据考试题目及图纸中明细表准备全部待装零（部）件。

（2）工、量、刃具和其他准备：由考生根据考试题目、图纸及技术要求自备，不再列工、量、刃具准备清单。考试过程中，考生寻找用具所用时间计入考试时间。

提示：工、量、刃具和其他准备包括：各类扳手（如活扳手、呆扳手、内六角扳手、扭矩扳手等）、旋具（如一字改锥、十字改锥、通芯改锥等）、钳子、弹簧卡圈钳、手锤、铜棒、锉刀、刮刀、钢刷、毛刷、手灯、装配轴承用钢套、量具（如游标卡尺、千分尺、深度尺、百分表、塞尺、直角尺、垫铁、检验棒等）及其他必备用品。

3. 考试日期：　　　　年　　　月　　　日

4. 考场地址：

注：考试题目及准备要求应提前通知鉴定所及考生。

（二）考核要求

1. 本题分值：100 分。

2. 考核时间：240 分钟。

3. 根据台钻主轴部件装配图及技术要求完成装配；装配完成后进行调整、检测及试车达到图纸及技术要求。

4. 图纸及技术要求：

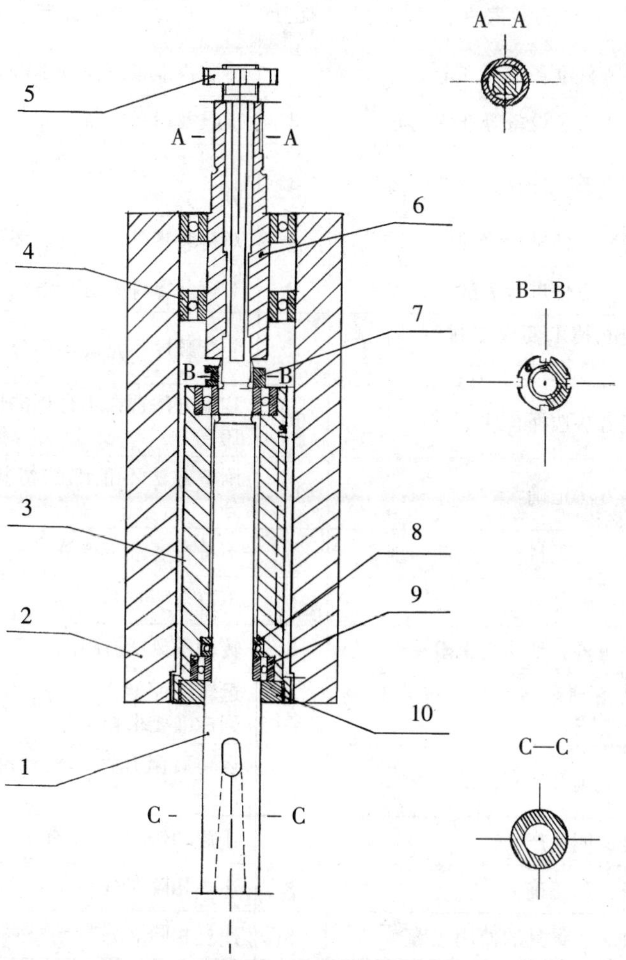


（三）台钻主轴明细表

| 序号 | 名称 | 数量 | 备注 | 序号 | 名称 | 数量 | 备注 |
|---|---|---|---|---|---|---|---|
| 1 | 主轴 | 1 | | 6 | 轴套 | 1 | |
| 2 | 台钻 | 1 | | 7 | 开槽螺母 | 1 | |
| 3 | 进给套 | 1 | | 8 | 推力球轴承 | 1 | |
| 4 | 轴承 207 | 2 | | 9 | 深沟球轴承 | 2 | |
| 5 | 锁紧螺母 | 1 | | 10 | 支承螺母 | 1 | |

（四）台钻主轴操作技能评分表

| 序号 | 考核项目 | 考核要点 | 配分 | 评分标准 | 扣分 | 得分 |
|---|---|---|---|---|---|---|
| 1 | 准备工作 | 待装零件准备配套齐全 | 3 | 待装件准备不充分不得分 | | |
| 2 | | 装配工具及设备等准备充分 | 3 | 工具及设备准备不充分不得分 | | |
| 3 | | 待装重要零件及配合件检测 | 3 | 重要零件及配合件不检测不得分 | | |
| 4 | | 对待装零件进行清理 | 3 | 对待装零件不进行清理不得分 | | |
| 5 | | 对待装零件进行清洗 | 3 | 对待装零件不进行清洗不得分 | | |
| 6 | 装配 | 按装配技术要求安排好装配顺序 | 15 | 装配顺序不正确不得分 | | |
| 7 | | 装配方法选择合理 | 10 | 装配方法选择不合理酌情扣1～10分 | | |
| 8 | | 调整方法正确 | 14 | 调整方法不正确酌情扣1～15分 | | |
| 9 | 检验与试运转 | 台钻主轴无抖动、震动的现象 | 8 | 不符合要求不得分 | | |
| 10 | | 台钻主轴其他异响 | 8 | 不符合要求不得分 | | |
| 11 | | 台钻主轴转动灵活无阻滞现象 | 8 | 转动不灵活有阻滞现象扣4分 | | |
| 12 | | 台钻主轴运转平稳、噪声达到标准要求 | 8 | 运转不平稳扣2分、噪声达不到标准要求扣2分 | | |
| 13 | | 运转后温升达到标准要求 | 4 | 运转后温升达不到标准要求不得分 | | |
| 14 | 现场考核 | 安全文明生产 | 4 | 违规酌情扣1～4分 | | |
| 15 | | 设备使用正确 | 3 | 违规扣除3分 | | |
| 16 | | 各种工、量具的使用正确 | 3 | 违规扣除3分 | | |
| 合计 | | | 100 | | | |
| 否定项：造成设备严重损坏及人员重伤以上事故，考核全程否定，即按0分处理 | | | | | | |

评分人：　　　　　　　　年　月　日　核分人：　　　　　　　　年　月　日

## 四、A—B—004 虎钳的装配

试题、回转式台虎钳的装配

（一）准备要求

1. 考场准备

根据考试题目、图纸及技术要求，考场应准备装配用的照明及辅助设施等，如清洗设施、升（降）温设施、平衡设施、吊具、清洗液、油类、润滑脂、棉纱等。

2. 考生准备

（1）考件准备：根据考试题目及图纸中明细表准备全部待装零（部）件。

（2）工、量、刃具和其他准备：由考生根据考试题目、图纸及技术要求自备，不再列工、量、刃具准备清单。考试过程中，考生寻找用具所用时间计入考试时间。

提示：工、量、刃具和其他准备包括：各类扳手、旋具（如一字改锥、十字改锥等）、钳子、手锤、钢刷、毛刷、量具（如游标卡尺等）及其他必备用品。

3. 考试日期：　　　　　年　　月　　日

4. 考场地址：

注：考试题目及准备要求应提前通知鉴定所及考生。

（二）考核要求

1. 本题分值：100 分。

2. 考核时间：240 分钟。

3. 根据台虎钳装配图及技术要求完成装配；装配完成后进行调整、检测及试车达到图纸及技术要求。

4. 图纸及技术要求：

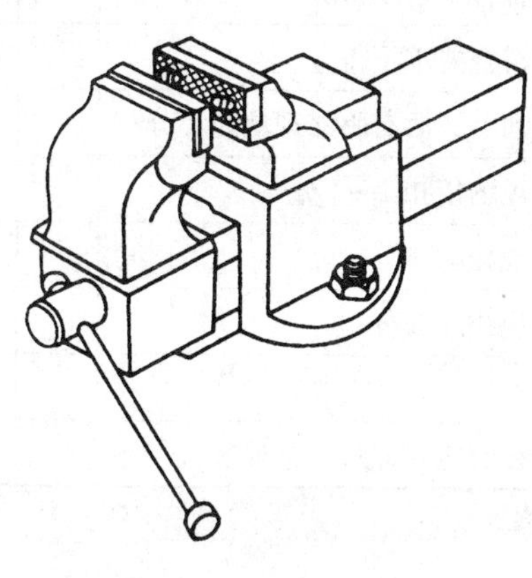

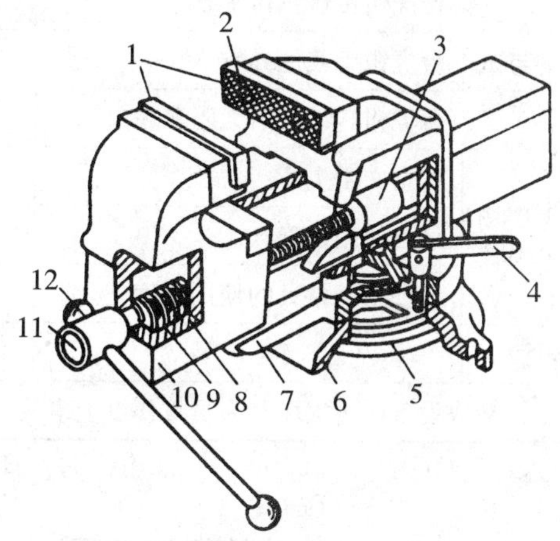


（三）回转式台虎钳明细表

| 序号 | 名称 | 数量 | 备注 | 序号 | 名称 | 数量 | 备注 |
|---|---|---|---|---|---|---|---|
| 1 | 钳口 | 2 | | 7 | 转盘 | 1 | |
| 2 | 螺钉 | 4 | | 8 | 固定钳身 | 1 | |
| 3 | 丝杠螺母 | 1 | | 9 | 挡圈 | 1 | |
| 4 | 旋转手柄 | 1 | | 10 | 弹簧 | 1 | |
| 5 | 紧固手柄 | 2 | | 11 | 活动钳身 | 1 | |
| 6 | 夹紧盘 | 1 | | 12 | 丝杆 | 1 | |

**（四）回转式台虎钳操作技能评分表**

| 序号 | 考核内容 | 考核要点 | 配分 | 评分标准 | 扣分 | 得分 |
|---|---|---|---|---|---|---|
| 1 | 准备工作 | 待装零件准备配套齐全 | 3 | 待装件准备不充分不得分 | | |
| 2 | | 装配工具及设备等准备充分 | 3 | 工具及设备准备不充分不得分 | | |
| 3 | | 待装重要零件及配合件检测 | 3 | 重要零件及配合件不检测不得分 | | |
| 4 | | 对待装零件进行清理 | 3 | 对待装零件不进行清理不得分 | | |
| 5 | | 对待装零件进行清洗 | 3 | 对待装零件不进行清洗不得分 | | |
| 6 | 装配 | 按装配技术要求安排好装配顺序 | 15 | 装配顺序不正确不得分 | | |
| 7 | | 装配方法选择合理 | 10 | 装配方法选择不合理酌情扣 1～10 分 | | |
| 8 | | 调整方法正确 | 14 | 调整方法不正确酌情扣 1～15 分 | | |
| 9 | 检验与试运转 | 台虎钳钳口对口平整 | 12 | 不符合要求不得分 | | |
| 10 | | 台虎钳无其他异响 | 12 | 不符合要求不得分 | | |
| 11 | | 台虎钳转动灵活无阻滞现象 | 12 | 转动不灵活有阻滞现象扣 4 分 | | |
| 12 | 现场考核 | 安全文明生产 | 4 | 违规酌情扣 1～4 分 | | |
| 13 | | 设备使用正确 | 3 | 违规扣除 3 分 | | |
| 14 | | 各种工、量具的使用正确 | 3 | 违规扣除 3 分 | | |
| 合计 | | | 100 | | | |
| 否定项：造成设备严重损坏及人员重伤以上事故，考核全程否定，即按 0 分处理 | | | | | | |

评分人：　　　　　　　　　　　　年　月　日　核分人：　　　　　　　　　　年　月　日

## 五、A—B—005 砂轮机的装配

试题、砂轮机的装配

（一）准备要求

1. 考场准备

根据考试题目、图纸及技术要求，考场应准备装配用的照明及辅助设施等，如清洗设施、升（降）温设施、平衡设施、吊具、清洗液、油类、润滑脂、棉纱等。

2. 考生准备

（1）考件准备：根据考试题目及图纸中明细表准备全部待装零（部）件。

（2）工、量、刃具和其他准备：由考生根据考试题目、图纸及技术要求自备，不再列工、量、刃具准备清单。考试过程中，考生寻找用具所用时间计入考试时间。

提示：工、量、刃具和其他准备包括：各类扳手、旋具（如一字改锥、十字改锥等）、钳子、手锤、钢刷、毛刷、量具（如游标卡尺等）及其他必备用品。

3. 考试日期：　　　　年　　　月　　　日

4. 考场地址：

注：考试题目及准备要求应提前通知鉴定所及考生。

（二）考核要求

1. 本题分值：100 分。

2. 考核时间：240 分钟。

3. 根据砂轮机装配图及技术要求完成装配；装配完成后进行调整、检测及试车达到图纸及技术要求。

4. 图纸及技术要求：

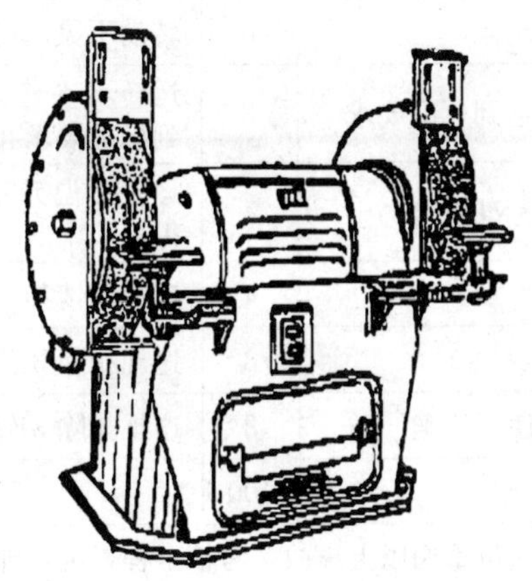

（三）砂轮机明细表

| 序号 | 名称 | 数量 | 备注 | 序号 | 名称 | 数量 | 备注 |
|---|---|---|---|---|---|---|---|
| 1 | 砂轮支架 | 1 | | 6 | 砂轮片 | 2 | |
| 2 | 砂轮机头 | 1 | | 7 | 防护外壳 | 2 | |
| 3 | 砂轮片轴套 | 2 | | 8 | 砂轮搁架 | 2 | |
| 4 | 砂轮片挡板 | 2 | | 9 | 纸垫 | 4 | |
| 5 | 锁紧螺母 | 2 | | | | | |

（四）砂轮机操作技能评分表

| 序号 | 考核项目 | 考核要点 | 配分 | 评分标准 | 扣分 | 得分 |
|---|---|---|---|---|---|---|
| 1 | 准备工作 | 待装零件准备配套齐全 | 3 | 待装件准备不充分不得分 | | |
| 2 | | 装配工具及设备等准备充分 | 3 | 工具及设备准备不充分不得分 | | |
| 3 | | 待装重要零件及配合件检测 | 3 | 重要零件及配合件不检测不得分 | | |
| 4 | | 对待装零件进行清理 | 3 | 对待装零件不进行清理不得分 | | |
| 5 | | 对待装零件进行清洗 | 3 | 对待装零件不进行清洗不得分 | | |

续表

| 序号 | 考核项目 | 考核要点 | 配分 | 评分标准 | 扣分 | 得分 |
|---|---|---|---|---|---|---|
| 6 | 装配 | 按装配技术要求安排好装配顺序 | 15 | 装配顺序不正确不得分 | | |
| 7 | | 装配方法选择合理 | 10 | 装配方法选择不合理酌情扣1～10分 | | |
| 8 | | 调整方法正确 | 14 | 调整方法不正确酌情扣1～15分 | | |
| 9 | 检验与试运转 | 砂轮主轴无抖动、震动的现象 | 8 | 不符合要求不得分 | | |
| 10 | | 砂轮无其他异响 | 8 | 不符合要求不得分 | | |
| 11 | | 转动灵活无阻滞现象 | 8 | 转动不灵活有阻滞现象扣4分 | | |
| 12 | | 运转平稳、噪声达到标准要求 | 8 | 运转不平稳扣2分、噪声达不到标准要求扣2分 | | |
| 13 | | 运转后温升达到标准要求 | 4 | 运转后温升达不到标准要求不得分 | | |
| 14 | 现场考核 | 安全文明生产 | 4 | 违规酌情扣1～4分 | | |
| 15 | | 设备使用正确 | 3 | 违规扣除3分 | | |
| 16 | | 各种工、量具的使用正确 | 3 | 违规扣除3分 | | |
| 合计 | | | 100 | | | |
| 否定项：造成设备严重损坏及人员重伤以上事故，考核全程否定，即按0分处理 | | | | | | |

评分人：　　　　年　月　日　　核分人：　　　　年　月　日

# 第四章 组卷示例

DI SI ZHANG ZU JUAN SHI LI

# 第一节　组卷说明

## 一、组卷方式

职业技能鉴定国家题库一般有以下三种组卷方式：

1. 计算机自动组卷

即计算机根据本职业本等级《操作技能考核内容结构表》、《操作技能鉴定要素细目表》要求，按国家题库组卷模型，自动选取鉴定范围和鉴定点，并抽取试题进行组合，形成试卷；

2. 人工干预计算机组卷

即根据本职业本等级《操作技能考核内容结构表》、《操作技能鉴定要素细目表》要求，由人工选定鉴定范围、鉴定点和试题，并由计算机按国家题库组卷模型进行组合，形成试卷；

3. 特殊要求组卷

如试题库中没有满足本次鉴定要求的试题，可由专家根据《操作技能考核内容结构表》、《操作技能鉴定要素细目表》要求，按照鉴定点下的统一要求命制新试题，组成试卷。

## 二、试卷结构

职业技能鉴定国家题库操作技能试卷一般由以下三部分内容构成：

1. 操作技能考核准备通知单：正文内容为试题中的准备要求，包括鉴定机构准备要求和考生准备要求两部分内容。

2. 操作技能考核试卷正文：正文内容为试题中的考核要求，包括相应的试题分值、考核时间、操作要求或技术标准、图表、图样或文字说明等。

3. 操作技能考核评分记录表：正文内容为评分记录表，即配分与评分标准，包括各项考核内容要点、配分、评分标准或评分办法、否定项及说明、加权汇总方法等。必要时包括总分表，即记录考生本次操作技能考试所有试题成绩的汇总表。

# 第二节　试卷样例

## 职业技能鉴定国家题库统一试卷

### 初级装配钳工操作技能考核准备通知单（考场）

准备要求：

（1）材料准备。

| 序号 | 材料名称 | 规格 | 数量 | 备注 |
|---|---|---|---|---|
| 1 | Q235－A | 65×55×22 | 2 | |

角度对配备料图：

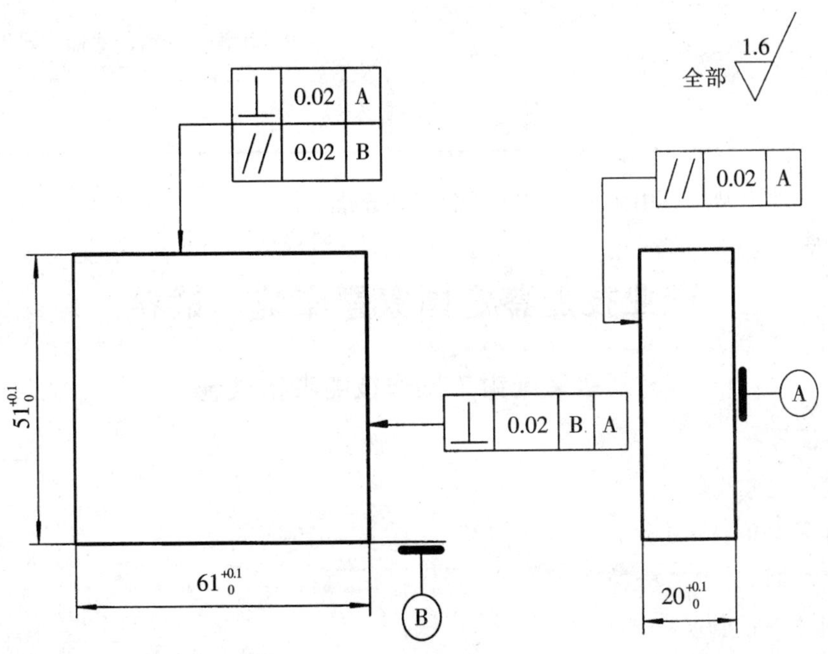


（2）设备准备。

| 序号 | 名　称 | 规　　格 | 序号 | 名　称 | 规　　格 |
|---|---|---|---|---|---|
| 1 | 划线平台 | 2000×1500 | 5 | 钳台 | 3000×2000 |
| 2 | 方箱 | 205×205×205 | 6 | 台虎钳 | 125mm |
| 3 | 台式钻床 | Z4112 | 7 | 砂轮机 | S3SL－250 |
| 4 | 标准平板 | | | | |

备注：划线平台、钻床、砂轮机、钳台及附件配套齐全，布局合理。

# 职业技能鉴定国家题库统一试卷

## 初级装配钳工操作技能考核准备通知单（考生）

（1）工、量、刃具准备。

| 名　称 | 规　格 | 精度 | 数量 | 名　称 | 规　格 | 精度 | 数量 |
|---|---|---|---|---|---|---|---|
| 游标高度尺 | 0～300mm | 0.02 | 1 | 平　锉 | 250mm（1 号纹） | | 1 |
| 游标卡尺 | 0～150mm | 0.02 | 1 | | 250mm（3 号纹） | | 1 |
| 万能角度尺 | 0°～320° | ±2′ | 1 | | 250mm（4 号纹） | | 1 |
| 钢直尺 | 0～150mm | | 1 | 钻　头 | ϕ3 | | 1 |
| 刀口尺 | 125mm | 1 级 | 1 | 三角锉 | 200mm（2 号纹） | | 1 |
| 直角尺 | 100×63mm | 1 级 | 1 | | 200mm（4 号纹） | | 1 |
| 塞　尺 | 0.02～0.5 | | 1 | 钳工常用工具 | 手锤、手锯、划针、划规、样冲、软钳口、锉刀刷、錾子等 | | |
| 刮刀 | 自备 | | | | | | |
| 千分尺 | 0～25 | 0.01 | 1 | | | | |
| | 25～50 | 0.01 | 1 | | | | |

（2）其他小型工具由个人根据加工需求补充准备。

# 职业技能鉴定国家题库统一试卷

## 初级装配钳工操作技能考核试卷

准考证号：__________姓名：__________性别：______单位：________________

角度对配考核要求：

1. 本题分值：100 分

2. 考核时间：240 分钟

3. 具体考核要求：

（1）公差等级：锉削 IT9、刮削 IT6

（2）形位公差：锉削平行度 8 级、垂直度 8 级、刮削垂直度 7 级、平行度 7 级

（3）表面粗糙度：锉削 Ra3.2

（4）配合间隙不大于 0.08mm

（5）精度点数：≥12 点/$25\times25^{2}$

4. 试题图及技术要求：

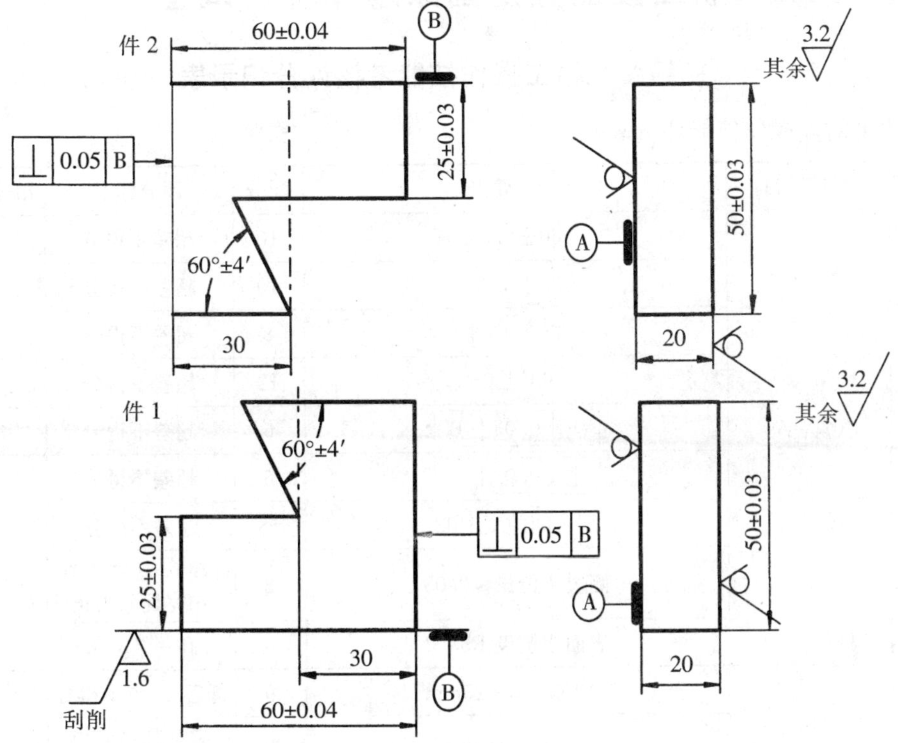


技术要求：

1.件 2 配合部分尺寸按件 1 配作，配合间隙不大于 0.08mm；两件侧边错位量不大于 0.03。

2.两件锉削面要求：平面度 0.03；与基准 A 的垂直度 0.03。

3.配合内角处可钻直径 3mm 以下工艺孔。

4.刮削面要求达到 12 点以上/$25\times25^2$。

# 职业技能鉴定国家题库统一试卷

## 初级装配钳工操作技能考核评分记录表

角度对配操作技能评分表

| 序号 | 考核项目 | 考核要点 | 配分 | 评分标准 | 扣分 | 得分 |
|---|---|---|---|---|---|---|
| 1 | 锉配 | 60±0.04 | 10 | 超差不得分 | | |
| 2 | | 50±0.03 | 10 | 超差不得分 | | |
| 3 | | 25±0.03 | 8 | 超差不得分 | | |
| 4 | | 60°±4′ | 12 | 超差不得分 | | |
| 5 | | ⊥ 0.05 B | 6 | 超差不得分 | | |
| 6 | | ⊥ 0.03 A | 6 | 超差不得分 | | |
| 7 | | 配合间隙≤0.08 | 18 | 超差不得分 | | |
| 8 | | 侧边错位量≤0.03 | 2 | 每超 0.01 扣 1 分，扣完配分为止 | | |
| 9 | | 表面粗糙度 Ra3.2 | 6 | 升高一级不得分 | | |
| 10 | 刮削 | ≥12 点/25×25$mm^2$ | 9 | 低于 12 点不得分 | | |
| 11 | | 无刮削缺陷 | 3 | 有刮削缺陷扣 1～3 分 | | |
| 12 | 安全文明生产 | 正确执行国家有关安全技术操作规程及文明生产规定 | 4 | 违规扣 4 分 | | |
| 13 | 设备使用 | 各种相关及辅助设备的使用符合有关规定 | 3 | 违规扣 3 分 | | |
| 14 | 工、量具使用 | 各种工具、量具的使用符合有关规定 | 3 | 违规扣 3 分 | | |
| 合计 | | | 100 | | | |
| 否定项：造成设备严重损坏及人员重伤以上事故，考核全程否定，即按 0 分处理 | | | | | | |

评分人：　　　　年　月　日　　核分人：　　　　年　月　日

## 《国家职业技能鉴定理论知识考试复习指导丛书》

*摄影师（初）12.00 元
*摄影师（中）12.00 元
*摄影师（高）16.00 元
*调酒师（初）12.00 元
*调酒师（中）14.00 元
*调酒师（高）16.00 元
修脚师（初）12.00 元
修脚师（中）14.00 元
修脚师（高）16.00 元
制图员（初）12.00 元
制图员（中）14.00 元
制图员（高）16.00 元
音响调音员（初）12.00 元
音响调音员（中）14.00 元
音响调音员（高）16.00 元
*加工中心操作工（中）14.00 元
*加工中心操作工（高）16.00 元
*眼镜定配工（初）12.00 元
*眼镜定配工（中）14.00 元
*眼镜定配工（高）16.00 元
*眼镜验光员（初）12.00 元
*眼镜验光员（中）14.00 元
*眼镜验光员（高）16.00 元
前厅服务员（初）12.00 元
前厅服务员（中）14.00 元
前厅服务员（高）16.00 元
营养配餐员（初）12.00 元
营养配餐员（中）14.00 元
营养配餐员（高）16.00 元
*组合机床操作工（初）12.00 元
*组合机床操作工（中）14.00 元
*组合机床操作工（高）16.00 元
*贵金属首饰手工制作工（初）12.00 元
*贵金属首饰手工制作工（中）14.00 元
*贵金属首饰手工制作工（高）16.00 元

## 《职业技能鉴定国家题库——操作技能考试手册》

*摄影师（初）12.00 元
*摄影师（中）14.00 元
*摄影师（高）16.00 元
修脚师（初）12.00 元
修脚师（中）14.00 元
修脚师（高）16.00 元
制图员（初）12.00 元
制图员（中）14.00 元
制图员（高）16.00 元
*加工中心操作工（中）14.00 元
*加工中心操作工（高）16.00 元
音响调音员（初）12.00 元
音响调音员（中）14.00 元
音响调音员（高）16.00 元
前厅服务员（初）12.00 元
前厅服务员（中）14.00 元
前厅服务员（高）16.00 元
*装配钳工（初）12.00 元
*装配钳工（中）14.00 元
*装配钳工（高）16.00 元
*贵金属首饰手工制作工（初）12.00 元
*贵金属首饰手工制作工（中）14.00 元
*贵金属首饰手工制作工（高）16.00 元

注：加“*”的为国家就业准入职业。